크루즈 여행
어떻게 즐기나

크루즈 여행 어떻게 즐기나

초판 1쇄 인쇄 2024년 01월 18일
초판 1쇄 발행 2024년 01월 30일

신고번호 제313-2010-376호
등록번호 105-91-58839

지은이 신재동

발행처 보민출판사
발행인 김국환
기획 김선희
편집 조예슬
디자인 김민정

ISBN 979-11-6957-118-0   03910

주소 경기도 파주시 해올로 11, 우미린더퍼스트@ 상가 2동 109호
전화 070-8615-7449
사이트 www.bominbook.com

- 가격은 뒤표지에 있으며, 파본은 구입하신 서점에서 교환해드립니다.
- 이 책은 저작권법에 의하여 보호를 받는 저작물이므로 무단 전재와 복사를 금합니다.

크루즈 여행
어떻게 즐기나

꿀팁 모음

신재동 지음

일본 열도 한 바퀴 크루즈 여행

Prologue

여행은 늘 설렘과 기대로 시작한다.

「크루즈 여행 꼭 알아야 할 팁 28가지」 책이 나온 지 벌써 6년이 흘렀다. 그동안 많은 분이 책을 읽고 크루즈 여행을 떠났다. 심지어 여행사에서 크루즈 여행에 관심을 보이는 고객에게 추천하는 도서가 되기도 했다. 미국에서는 여행사가 「크루즈 여행 꼭 알아야 할 팁 28가지」라는 책을 여러 권 비치해 놓고 크루즈 여행을 문의하는 고객에게 대여하는 여행사도 여럿이다.

하지만 시대의 변화에 따라 크루즈 여행도 발전을 거듭해 간다. 그뿐만 아니라 한국의 경제 수준이 크루즈 여행을 즐길 만큼 성장했고, 수요가 늘어남에 따라 여행 소개도 좀 더 새롭고 현실에 가까운 정보를 전하고자 새 크루즈 여행 안내서를 내게 되었다.

이번 「크루즈 여행 어떻게 즐기나」는 한국인을 대상으로 처음 크루즈 여행을 시도하는 여행객들을 위해서 크루즈 여행은 어떻게 시작하는지부터 자세히 안내했다.

호화 유람선을 즐기면서 가까운 이웃 나라부터 시작해서 멀리 지중해나 알래스카까지 다녀오는 관광 여행을 소개하고자 한다.

「크루즈 여행 어떻게 즐기나」는 가까운 일본 열도를 한 바퀴 도는 크루즈 여행을 겸하고 있어서 여행의 별미를 한층 더 재미있게 꾸몄다.

한국에서 사는 한국인은 물론이거니와 세계 각국에 흩어져서 사는 교포들이 모국을 방문하는 기회에 크루즈 여행도 함께 즐길 수 있는 길을 제시하고 싶은 마음도 책을 쓰게 된 동기 중의 하나다.

먼저 크루즈 라인(Cruise Line)이란 개념을 백과사전에서는 이렇게 설명한다.

『크루즈는 '순환, 떠돌아다님, 만유 선박 여행'의 뜻으로, 크루즈 라인은 리조트용 상품군으로 한여름의 더위나 한겨울의 추위를 피해 여행하는 소비자층을 대상으로 한 상품군이다』

매우 적절한 설명이다.
다시 말하면 크루즈는 가이드를 따라다니면서 관광하는 상품이 아니라 리조트와 같은 크루즈에서 즐기면서 입항할 때면 관광도 겸하는 상품이다.

이 책은 누구나 경험해 보고 싶은 호화선 여행을 어떻게 시작해서 어떻게 마무리하는지 자세히 알려주고 있다. 또한 호화선 여행 중에 어떻게 즐기는지, 즐기는 방법은 무엇 무엇이 있는지, 경비는 얼마나 드는지 궁금한 것들을 세세하게 설명해 주고 있다.

6년 전, 처음 발간한 「크루즈 여행 꼭 알아야 할 팁 28가지」를 집필할 때는 한국에는 크루즈 여행이 거의 없었기에 미국 샌프란시스코에서 출항하는 크루즈 라인을 소개했다. 하지만 지금은 한국이 경제적으로 크루즈 여행권 안에 드는 국가가 되었기 때문에 여행에 관한 설명도 한국을 중심으로 달리해야 했다. 일본 요코하마를 출항해서 일본 열도를 한 바퀴 도는 크루즈 여행을 겸비한 이유이다.

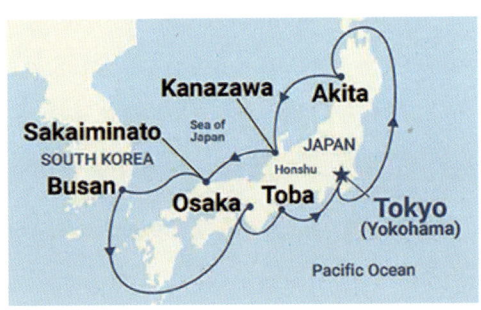

반세기도 넘게 미국에서 살면서 열 번도 넘게 크루즈 여행을 다

녀온 경험과 체질적으로 여행이라면 끼니도 잊어버리고 다니는 타고난 여행가로서 여행의 노하우를 책으로 정리하게 되었다.

여행의 즐거움은 오감(五感)으로 즐기는 것이다. 눈으로 보고, 귀로 듣고, 코로 냄새 맡고, 입으로 맛보고, 피부로 느끼는 것이다. 이 모든 정보가 뇌로 집결되어 이해하고, 분석하고, 판단함으로써 여행의 즐거움이 배가 된다.

외국을 여행할 때 오감 중의 네 가지는 자연스럽게 해결되는데, 언어 장벽의 문제로 인해 귀로 듣는 데에서 제동이 걸리는 경우가 많다. 한국인들이 그룹으로 가면 한국어 해설자가 동행하게 되고, 한국어로 해설해 주는 사람이 있으면 문제는 쉽게 해결될 것이다.

그래도 스스로 듣고 이해하는 것에 비교하면 그 즐거움이 반밖에 되지 못한다. 이것은 자신의 뇌가 해야 할 일임에도 불구하고 남이 해석한 내용을 전달받기 때문이다. 마치 연속극을 직접 보고 이해하고 즐기는 것이 아니라 남이 보고 이야기해 주는 연속극은 그 재미가 반으로 줄어드는 것과 같은 이치다. 그렇다면 귀가 뚫리지 않은 사람은 어떻게 하란 말인가? 이 책은 그 노하우를 가르쳐 준다. 공부 잘하는 학생은 늘 철저히 예습하고 수업시간에도 맨 앞줄에 앉아 선생님의 설명에 귀 기울이며 수업이 끝나도 배운 내용을 스스로 복습한다. 여행도 마찬가지다. 떠나기 전에 예습하고, 설명하는 가이드 앞에서는 설명을 들으면서 녹음해 두어야 한다. 돌아온 다음에는 시간이 나는 대로 다시 듣기를 하면, 그때는 상황을 다 파악하고 난 다음이어서 처음 듣던 때와는 달리 쉽게 이해되며 하나하나 짚고 넘어갈 수 있다.

우리가 가장 신뢰하는 삼성전자는 2024년 초부터 모바일 AI 기술이 갤럭시와 의미 있게 접목돼 전에 없던 새로운 경험을 창출하고, 휴대전화의 역할을 재정의할 것이라고 발표했다.
통역사 없이 각자 모국어로 대화를 나눌 수 있게 되는 것이다.
삼성전자는 '온디바이스 AI'를 탑재하는 갤럭시 스마트폰에서 실시간 통역 통화인 'AI 라이브 통역콜' 기능을 포함할 계획이라고 밝혔다.

갤럭시 AI가 탑재된 스마트폰을 사용하는 고객이 자신의 언어로 편하게 이야기하면 상대방의 스마트폰 기종과 상관없이 갤럭시 AI가 이를 상대방의 언어로 통역해 전달하는 것이다. 통역된 대화는 음성으로도 들을 수 있고, 텍스트 형식으로 스마트폰에 표시돼 눈으로 읽을 수도 있다. 삼성전자는 "개인 통역사를 둔 것과 같이 실시간으로 매끄러운 소통이 가능해질 것"이라고 밝혔다.
특히 온디바이스로 제공되는 탓에 보안 측면에서도 안심할 수 있다는 게 삼성 측 설명이다. 삼성 관계자는 "외부의 클라우드 등을 이용한 서비스가 아니라 삼성 갤럭시 스마트폰에 내장된 기능이기 때문에 유출이나 개인정보 침해 우려가 현저히 낮다"고 설명했다.

이 같은 서비스는 삼성 갤럭시S24부터 탑재될 전망이다. 삼성전자는 2024년 출시하는 스마트폰에 사용자들이 많이 쓰는 핵심 기능 위주로 생성형 AI 기술을 적용할 계획이라고 밝혔다.

이렇듯 여행의 즐거움인 오감 중의 4감은 만국이 동일하니까 문제될 게 없고, 마지막 남은 듣기와 말하기도 자신이 어떻게 하느냐에 따라서 해결할 수 있게 됐다.

여행은 어떻게 마음먹느냐에 따라서 즐거움이 배가 될 수도 있고 아닐 수도 있다. 이 책은 크루즈 여행이 어떤 여행이며, 선상의 어디에서, 어떻게 즐길 것인지를 중점으로 다루었고, 입항 후의 육지 관광은 어떻게 즐기는지를 겸하여 쓴 책이다. 젊은이나 중년 또는 노년의 나이에 처음으로 크루즈 여행을 떠나려고 하는 분들께 어떻게 하면 크루즈를 즐길 수 있는가에 초점을 맞춰 좋은 정보를 제공하고자 노력했다.

아무쪼록 이 책을 통해서 많은 정보를 얻기 바란다.

저자 **신재동**

Contents

Prologue _ 4

①	크루즈 여행 어떻게 즐기나?	14
②	크루즈 선상에서 즐기는 방법	22
③	크루즈 여행 예약은 어떻게 하나?	27
④	객실 선택할 때 유의해야 할 팁 8가지	44
⑤	크루즈 여행을 예약하면서	49
⑥	크루즈 여행 알고 준비하자	52
⑦	크루즈 여행 가방 꾸리기 팁 14가지	57
⑧	레스토랑에서 지켜야 할 매너	65
⑨	뷔페에서 지켜야 할 매너 6가지	75
⑩	크루즈 10일 일본 일주 여행	78
⑪	크루즈 첫날 출항 오후 5시 반	92
⑫	크루즈 여행을 즐기기에 딱 어울리는 사람들	103
⑬	둘째 날 온종일 항해	110
⑭	프린세스 다이아몬드의 모든 것	128
⑮	각 층의 위치도와 선상 용어	139
⑯	밀실에선 어떤 일이 벌어지나?	148

⑰	아키타(Akita) 관광	159
⑱	관광지에 입항해서 하선과 승선할 때 유의점	180
⑲	사카이미나토 항을 향하여	183
⑳	아다치 박물관 정원(足立美術館 庭園)	190
㉑	유시엔(由志園: 유지원)에서 점심	197
㉒	마쓰에 성(松江城, Matsue Castle)	205
㉓	팁은 줘야 하나? 말아야 하나?	209
㉔	크루즈 객실에서 해서는 안 되는 12가지	213
㉕	긴카쿠지(금각사)	217
㉖	크루즈 선상에서 돈을 절약할 수 있는 팁 9가지	223
㉗	현명한 체중 관리 팁 9가지	230
㉘	'이세 신궁(伊勢神宮)' 관광	235
㉙	인터넷과 휴대전화 사용	248
㉚	장애인 시설과 서비스 동물	251
㉛	크루즈 여행 9박 10일 일본 열도 한 바퀴 총경비	254

크루즈 여행
어떻게 즐기나

꿀팁 모음

일본 열도 한 바퀴 크루즈 여행

크루즈 여행 어떻게 즐기나?

인생은 한번 지나가면 다시 번복되지 않는다(You only live once). 기왕에 한번 사는 인생인데 멋지게 살 수는 없을까? 열심히 공부하고, 열심히 일하고, 열심히 즐기면서 살지만, 거기에다가 멋까지 곁들인다면 얼마나 좋을까?

크루즈 여행은 멋, 낭만, 환희 그리고 호강까지 패키지로 안겨줄 것이고 나아가 아름다운 추억으로 영원히 기억될 것이다.

고급스러운 경험을 몸소 체험하는 게 크루즈 여행이다.

크루즈에 승선하면 항상 할 일이 있다. 크루즈에서 제공하는 세상에서 처음 맛보는 요리와 브로드웨이 스타일의 쇼를 즐기고, 오락에서부터 운동까지 그리고 밤하늘의 별을 보면서 즐기는 영화에 이르기까지 유람선 여행은 즐길 거리가 무궁무진하다.

특별한 휴가에 크루즈를 이용하면 훌륭한 서비스, 다양한 식사, 현대적인 편의 시설, 친절한 직원 및 재미있는 활동을 얻을 수 있다. 한번 사는 인생인데 이 특별한 품질을 경험해 볼 만한 가치가 있지 않을까?

크루즈 여행을 잘 보내면 보람 있는 여행이 되고도 남지만, 잘못 겪으면 씻을 수 없는 상처로 남는다. 어떻게 하면 크루즈 여행을 보람 있게 즐길 수 있을까?

사람마다 다르게 생각하겠지만 내 경험을 말하자면 아무리 훌륭한 여행도 길어지면 집이 그립고, 까딱하면 향수병에 빠지기 쉽다. 크루즈 여행은 호텔에 체류하는 것처럼 편안하게 여행한다고 하지만 그래도 내 집만 하겠는가? 크루즈 여행으로 즐길 수 있는 기간은 1주일에서 2주일이 가장 좋다. 크루즈 여행의 맛을 제대로 느낄 때쯤에서 끝내면 여운이 길게 남는다.

여행하는 방법에는 여러 가지가 있겠는데 자동차로 달리면서 아름다운 경치를 눈으로 즐기는 방법이 있는가 하면, 차를 세우고 내려서 직접 아름다운 골짜기를 걸어가 보는 방법도 있다.

걸어 다니면서 실물을 만져보고, 냄새를 맡고, 맛도 보는 여행은 찾아다니면서 즐기는 여행이다. 크루즈 여행이 일종의 찾아다니는 여행이다. 크루즈 선상에서 아무도 안내해 주는 사람은 없다. 일단 승선하면 그 순간부터 본인이 알아서 찾아다니고 발품을 팔아가면서 어디에서 어떻게 즐기는지 알아내야 한다.

승선한 사람들은 모두 똑같은 입장이다. 프린세스 다이아몬드의 경우 객실 1,377개에 2명씩 있다손 치더라도 2,670여 명의 승객이다. 이 많은 관광객이 모두 당신과 같은 심정이다. 처음 승선하는 거고, 처음 겪어보는 것들이다. 즐기는 일 중의 하나는 생소함과 낯섦도 있다. 생소하고 낯선 것을 보는 것, 경험하는 것, 먹어보는 것, 냄새 맡는 것 등이 있다. 오히려 짜릿한 느낌이다.

일단 유람선을 타면 바다 냄새가 난다. 당연하다. 바다에 왔으니 바다 냄새가 나는 게 뭐 대단한 건가? 하지만 바닷가에서 나는 냄새와 바다 한가운데서 나는 냄새는 다르다. 냄새만 다른 게 아니라 공기도 다르다. 공기만 다른 게 아니라 하늘도 다르다.

바다 한가운데서는 오로지 보이는 건 하늘과 바다뿐이다. 부두에서 볼 때는 거대한 유람선이지만 허허망망 대해에서 유람선은 한 잎 낙엽에 불과하다. 한 잎 낙엽 속에 나?

일출과 일몰은 또 얼마나 아름다운가?

망망대해에서 매일 매일의 일출과 일몰이 같을 것 같지만 다 다르다. 하늘의 변화가 무상한 까닭은 구름 때문이고, 바다 역시 그러하니 어제의 일출과 오늘의 일출은 딴 세상 같다.

따끈한 커피 한 잔 손에 들고 발코니 야외 의자에 앉아 일출을 바라보는 즐거움을 어디에다 비교하겠는가? 인생은 길고 여행은 짧다는 말이 저절로 나온다.

후회 없는 인생이란 망설이지 말고 해 보는 거다.

크루즈 여행이 떠나고 싶다면 떠나라고 권하고 싶다. 낭만이 있는 곳으로, 구석구석 놀라움이 숨어있는 곳으로, 굽이굽이 즐거움이 꿈틀대는 곳으로 떠나라. 감동이 사무치는 유람선으로.

수년 전에 내놓은 책 「크루즈 여행 꼭 알아야 할 팁 28가지」는 어떻게 하면 저렴한 가격으로 크루즈 여행을 떠날 수 있나에 초점을 맞추었다면 이 책은 어떻게 하면 고급스럽게 크루즈 여행을 즐길 수 있나에 중점을 두었다.

먼저 크루즈라고 해서 다 같은 크루즈가 아니다.

중소형 연안 크루즈가 있는가 하면 해외여행을 즐길 수 있는 대형 크루즈가 있고, 초대형 크루즈도 있다. 보통 50,000~100,000톤급 선박을 중소형으로 분류하고, 100,000~200,000톤급을 대형 크루즈로 분류한다.

일본 연안이나 동남아를 운행하는 크루즈는 일본 소속 크루즈로 중소형 크루즈이다. 지난 10년간 일본에서 정기적으로 운항하는 대형 크루즈는 영국 소속 선박 프린세스 크루즈가 유일하다. 다른 대형 크루즈 선박들이 1년에 한두 차례 일본을 위시해서 동남아를 운행하지만, 정기 노선은 아니다.

중소형 크루즈와 대형 크루즈는 무엇이 다른가?

아무래도 크루즈를 축소하려면 이것저것 생략하는 게 있을 것이다. 다시 말해서 크루즈를 대형화하려면 이것저것 가미하는 게 많다는 이야기이다. 대형 크루즈는 객실을 위시해서 내부 시설이라든가 즐길 거리, 먹거리 그리고 호화스럽기까지 다양하다. 호강하는 기분이다.

보통 크루즈 선이 100,000톤급 이상만 돼도 객실이 1,400여 개나 되고, 무료 식당이 5개에, 유료 식당이 3개, 대형 극장이 2개에, 수영장만 해도 물의 깊이가 2m 이상이다. 야외 수영장이 2개에, 실내 수영장이 1개 있고, 수영장마다 스파(자구찌)가 함께 있다.

중소형 크루즈는 이런 시설을 갖출 수 없는 한계가 있다.

나는 1986년부터 지금까지 크루즈 여행만 열댓 번은 다녀왔다. 그것도 럭셔리한 발코니 스테이터 객실만 이용했다. 내가 돈이 많아서 크루즈 여행을 다녀온 게 아니라 운영하던 개인 비즈니스 덕분이다. 미국 샌프란시스코 지역에서 '창문 인테리어' 비즈니스였는데 매점 4곳을 운영하다 보니 남보다 더 많은 매상을 올렸기에 혜택도 크게 받았다.

1986년에는 미국 후로리다 마이아미에서 캐리빈 해역을 여행하는 50,000톤급 중형 크루즈였다. 지금은 작게 보이지만 그때만 해도 50,000톤급 중형 크루즈를 보고 배가 커서 깜짝 놀랐다. 크루즈선의 종업원들이 한국인이어서 또 깜짝 놀랐다. 지금은 종업원들이 제3국인 필리핀이나 인도네시아 사람들로 채워졌다.

미국에서 비즈니스 경영방식은 대동소이하다. 공급처 즉 기업에서 매년 컨벤션을 열어 자기네 회사를 홍보한다. 개인 비즈니스를 하는 소상인들은 컨벤션에 참석해서 새로운 상품을 접하고 어떻게 광고하고, 어떻게 고객을 관리해야 하는지 여러 가지 상술을 배우

게 된다.

이때 기업에서 크루즈 여행 상품을 촉매제로 이용한다. 지난해의 매상에서 실적을 10%만 더 올리면 보상으로 10일짜리 지중해 크루즈 여행을 시켜주는 조건을 내건다.

예를 들면 1등은 10일짜리 지중해 크루즈 여행, 2등은 런던 일주일 여행, 3등은 3박 4일 동부 크루즈 여행, 4등은 4박 5일 밴프 캐나다 여행, 5등은 2박 3일 샌프란시스코. 이런 식으로 차등급을 먹여서 판매 경쟁을 유도한다.

상품 공급처는 구매력(Buying Power)을 갖춘 소매상에게 꼼짝 못한다. 나는 4곳의 매장을 운영하다 보니 구매력이 강해서 매년 최상급 보상을 받았다. 당연히 크루즈 여행은 찍어놓은 당상이었다.

그때 다녀온 크루즈 여행지로 캐리빈 해역의 자마이카, 범무다, 케이맨 아일랜드 등 관광지는 여러 번 다녀왔다. 지중해, 북해, 앨라스카 연안, 남미 등 지구상 여러 곳을 다녀왔지만, 아시아는 빠졌다. 그 이유는 '창문 인테리어' 비즈니스는 미국 중산층 이상을 대상으로 하는 비즈니스여서 고객은 주로 백인이다. 백인 중산층을 상대하기 때문에 개인 비즈니스를 운영하는 주인들도 대부분 백인이다. 백인들은 유럽여행을 선호하지, 아시아 여행은 관심 밖이다.

그뿐만이 아니라 크루즈 여행이 일본을 위시해서 아시아에 등장한 게 최근의 일인 것도 이유 중의 하나이다. 이런저런 이유로 크루즈로 다녀보지 못한 아시아를 순방하고 싶다.

크루즈 여행의 장점은 내 집처럼 거처가 정해져 있어서 가방을 쌌다 풀었다 하는 수고를 할 필요가 없다는 점이다. 편안히 놀다가 다음 여행지에 도착하면 나가서 구경하고 돌아온다. 삼시세끼 잘 먹고, 방 정리도 다 해주고, 저녁에는 쇼를 즐기다가 편안히 잠자리에 들고, 다음 날 아침이면 또 다른 관광지에 도착해 있다. 살면서 이런 호강을 누린다는 거 그리 흔치 않다.

인생을 살다 보면 남는 건 추억뿐인데 추억 중에서 힘들게 공부하던 때나 일하던 시절은 사라지고 신나게 여행하던 행복한 기억만 남는다. 크루즈 여행이 기억에 남는 추억을 안겨줄 것이다.

크루즈 선상에서 즐기는 방법

　우리는 그동안 주입식 교육을 받아와서 그런지 설명을 듣고 이해하는 데 익숙하다. 반면, 미국인들은 설명 없이 책을 통해서 스스로 터득해 가는 교육을 받아와서 그런지 무언가를 읽는 데 익숙하다. 흔히 미국인들이 말하는 "Enjoy yourself(알아서 즐겨라)"가 은연중에 작동하는 것이다. 크루즈에서 배달되는 소식지 '내일의 일정'을 꼼꼼히 읽어보면 즐길 거리가 풍부하다는 것을 알 수 있다.

　크루즈 여행은 역사와 전통이 있는 초대형 비즈니스 산업이다. 그만큼 그동안 쌓아온 노하우를 통해 수많은 승객이 다채롭게 즐길 수 있는 프로그램을 축적해 놓았다. 크루즈 내에서 벌어지는 여러 프로그램을 찾아다니면 그 쏠쏠한 재미에 시간 가는 줄 모르는 게 크루즈 여행이다.

　호화롭지 않은 크루즈가 없듯이, 호강하지 않을 까닭이 없다.

눈이 즐겁고, 귀가 즐겁고, 입이 즐겁다. 크루즈 객실로 들어가는 복도를 따라가다 보면 여러 객실 문에 사인이 붙어있는 것을 볼 수 있다. 'Happy Birthday' 사인이 가장 많고, 'Anniversary', 'Celebration', 'Congratulation' 등의 순으로 사인이 붙어있다. 모두 행복한 날을 즐기러 온 사람들이니 즐겁지 아니할 수 없다.

크루즈의 15층은 보통 선데크(Sun deck)라고 해서 하늘이 열려있는 공간이다. 선데크에 올라가면 보이는 것은 망망대해 360도 수평선(水平線)이다. 푸른 바다가 보이는 순간도 있다. 그럴 때는 시퍼런 바다가 무섭다.

발트해(Baltic Sea)를 항해할 때 바다는 청색이다. 마치 잉크빛 같은 청색이다. 그러나 북태평양에서 적도를 향해 가는 길은 검은색 바다가 펼쳐진다. 아침에 해가 선수(船首)의 수평선에서 뜨는가 하면, 지는 해는 선미(船尾)의 수평선으로 넘어간다.

크루즈에서는 아침부터 여러 가지 액티비티(Activity, 활동)가 벌어진다. 성경공부반이 있는가 하면 줌바(Zumba) 클래스가 있고, 라임 댄스며 보물찾기가 벌어지는가 하면 센터 콜트에서 픽켓볼을 하기도 한다. 브리지(Bridge) 게임이 벌어지고 스트레치 릴리즈 수업도 열린다. 암벽 오르기 수업도 있고 농구와 탁구 같은 구기 종목도 있다. 2시간짜리 영화를 상영하는가 하면 카지노에서 승객들에게 블랙잭을 하라고 5달러짜리 쿠폰을 주기도 한다.

또한, 수술 없는 성형수술을 선보이는가 하면 침술에 관한 세미나도 연다. 빙고 게임이 열리고 보물찾기 당첨자도 뽑는다.

이렇듯 오전 액티비티가 끝나고 식사를 즐기면 오후 액티비티 시간이 돌아온다. 사진 세미나, 3D 영화에 대한 설명회, 합창단 모집, 화랑에서 전시회, 볼룸(Ballroom) 댄스, 임페리얼 트리오(Imperial Trio)의 연주, 독서 모임, 골프 모임, 척추 통증과 관절을 이겨내는 세미나, 영화 감상, 걷기 세미나, 브리지 게임, 스노우볼, 잭팟, 빙고, 기타 보컬 연주, 승선자 환영 샴페인 파티, 저녁에 야외 수영장에 설치된 대형 스크린에서 상영하는 영화 등. 그리고 댄싱 나잇은 계속 이어지고 밤 문화도 요란하다. 크루즈 내의 극장마다 세계적 수준의 공연이 매일 밤 다채롭게 열린다. 뮤지컬, 버라이어티쇼, 솔로 싱어, 트리오 연주 등 다양한 공연이 크루즈의 밤을 달군다.

신혼여행을 크루즈에서 보내는 커플은 더없이 행복할 것이다. 어떤 커플은 크루즈 선상에서 결혼식을 올리는 경우도 있다(크루즈 내에 결혼 예식장이 있다).

"Good morning", "Hi", "Thank you" 이 문장은 입에 달고 다녀야 한다. 이 말들을 입에 달고 다니면 자연스럽게 상대방에게서 좋은 반응이 오고 여행은 즐거워진다. 한 가지 팁을 주자면, 이곳에서 만난 사람들은 평생 다시는 만날 기회가 없다. 그러므로 구태여 목에 힘을 주거나 창피당할까 봐 겁먹을 이유가 없다.

저녁 식사 후에는 극장마다 흥미로운 쇼가 두 번 연속으로 진행된다. 먼저 하나를 관람하고 다음 극장으로 가도 놓칠 걱정이 없다. 그뿐만이 아니라 라운지나 바에서 4인조 밴드나 악단, 혹은 솔로 가수의 공연이나 연주회가 열린다. 일일이 찾아다니면서 즐기기에도 시간이 모자랄 지경이다.

우리 부부는 다음과 같은 크루즈 여행을 선택했다.

03 크루즈 여행 예약은 어떻게 하나?

(A) 크루즈 여행은 언제 예약해야 하나?

크루즈 여행은 1년 전쯤에 계획하고 예약하는 것이 가장 현명하다. 미국에서 크루즈 광고가 집으로 배달되는 것을 보면 2년 전부터 예약하라고 하지만 보통 1년 전에 예약한다. 적어도 6개월 전에는 예약을 마치는 게 좋다. 3개월 전이라면 예약이 안 되는 것은 아니지만, 너무 촉박하다. 출항을 1개월 내지는 2주쯤 남겨놓고 바겐세일을 하는 예도 있다. 하지만 이런 일은 극히 드문 일이거나 아니면 비인기 노선일 경우이다.

가격이나 시간이 촉박해서 원하는 곳을 포기하고 엉뚱한 곳으로 방향을 바꾼다면 안 가느니만, 못하다.

크루즈 선박은 다른 교통수단과 달라서 매우 천천히 움직인다. 천천히 움직이는 만큼 모든 절차와 진행도 슬로다. 속력만 느린 게 아니라 준비도 느리다. 육지에서의 여행은 잊어버리고 떠났다거나 못 챙겨 가지고 온 물건이 있다손 치더라도 현지 조달이 가능하지만, 바다에서는 다르다.

한번 출항하면 여러 날 선상에서 생활해야 하는데 빠트리고 온 게 있으면 생활이 불편할 수도 있고, 꼭 먹어야 하는 약이라도 있다면 문제는 심각하다. 이런 모든 것을 감안해서 천천히 오랫동안 준비하는 것이 맞다. 일반적으로 1년이나 적어도 6개월 전에 예약하는 게 보통이다.

영어에 자신 있는 사람이라도 인터넷을 통해서 직접 예약하기란 그리 녹록하지 않다. 크루즈 여행에 경험이 많은 것도 아니어서 생소한 문제들을 접하기 때문이다. 가능하면 경험이 풍부한 여행사를 통해서 문의하고 예약하는 것을 권하고 싶다.

(B) 크루즈 여행 예약하기

본인이 직접 인터넷으로 예약하는 방법으로 내가 다녀온 일본 열도 한 바퀴 크루즈 여행 예약하던 경험을 공유한다.

(1) Princess(www.princess.com) 홈페이지에 들어가서 상단에 'Plan a Cruise', 'On Board Our Ship', 'Destinations', 'Booked Guests', 'Help Center'가 있는데 그중에서 가고자 하는 곳 (Destinations)을 클릭한다.

(2) Destination을 클릭하면 Princess cruise가 취항하는 세계 여러 나라 관광지가 나온다. 그중에서 'Asia'를 클릭한다.

(3) 'Asia'를 여행하는 관광 상품이 뜨는데 나는 일본 열도를 한 바퀴 돌아볼 생각이었으니까 'Japan Cruises'를 클릭했다.

(4) 일본 열도 돌아보는 크루즈 상품도 여러 가지가 있어서 하나씩 클릭하면서 어느 상품이 내게 맞는지 살펴보았다. 그중에서 '9-Day Sea of Japan with Gion Festival'을 선택했다. 출항 날짜가 우리 부부의 휴가와 맞아떨어졌기 때문이다(Mon, Jul 10, 2023 on Diamond Princess).

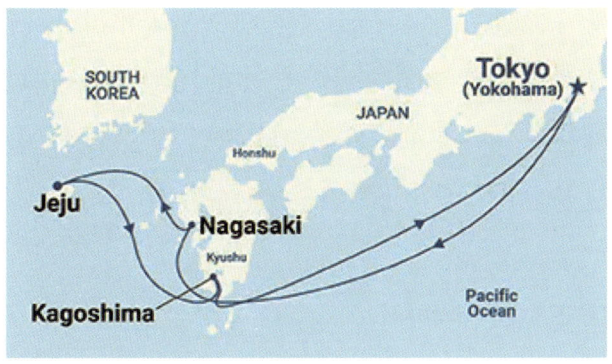

Princess Cruise itinerary: 6 Days | 3 Ports

June 29 2023 $455 - $1176

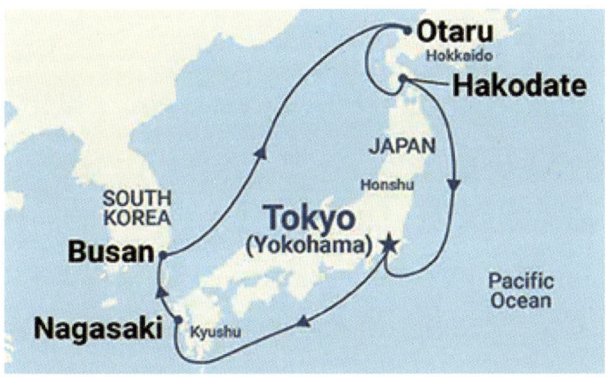

Diamond Princess Cruise itinerary: 8 Days | 4 Ports

June 13 2023 $653 - 1503

Diamond Princess Cruise itinerary: 9 Days | 6 Ports

July 10 2023 - $666 - 1650

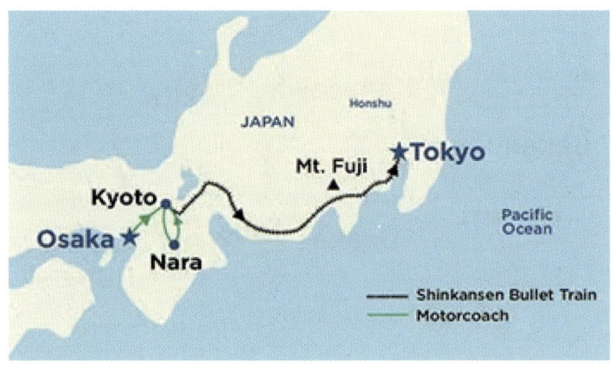

Diamond Princess® Cruise itinerary: 14 Days | 6 Ports | 5 Nights on Land

July 5 2023 - interier $3,866 - balcony $4,850

바다와 육지 관광 포함.

우리는 휴가 스케줄에 맞춰 7월 10일에 출항하는 9박 10일짜리를 선택했다.

(5) Cruise Details(세부 사항)을 클릭하면 유람선이 돌아오는 코스와 항해 일자에 따른 스케줄이 나온다.

〈크루즈 스케줄〉

Date	Port	Arrive	Depart
Mon, Jul 10	Tokyo (Yokohama), Japan View excursions		05:00 pm
Tue, Jul 11	At Sea, View onboard experience for		
Wed, Jul 12	Akita, Japan View excursions	07:00 am	04:00 pm
Thu, Jul 13	Kanazawa, Japan View excursions	09:00 am	07:00 pm
Fri, Jul 14	Sakaiminato, Japan View excursions	07:00 am	05:00 pm
Sat, Jul 15	Busan, South Korea View excursions	08:00 am	06:00 pm
Sun, Jul 16	At Sea View on board experience		
Mon, Jul 17	Osaka (for Kyoto), Japan View excursions	06:00 am	07:00 pm
Tue, Jul 18	Toba, Japan View excursions	09:00 am	06:00 pm
Wed, Jul 19	Tokyo (Yokohama), Japan View excursions	06:30 am	

    (6) 스케줄을 훑어보고 마음에 들면 화면 위로 올라가서 '방 선택(Select Room Type)'을 클릭한다.

    (7) 승객 몇 분이냐는 질문에다가 '2 Guests' 클릭하고

    (8) 객실 선택이 그림과 함께 뜬다.

'Interior'는 유람선 중앙에 자리 잡고 있어서 객실에 창문이 없고 조금 작은 편이다. 대신 가격이 저렴하다.

'Oceanview'는 침대 머리맡에 유람선 후미가 보이는 창문이 있다. 가격이 인테리어보다 조금 높다.

　유람선에는 '발코니(Balcony)' 객실이 가장 많다. 승객들이 꿈에 그리면서 선호하는 객실이기도 하다. 발코니 객실도 보통 발코니와 조금 더 널찍하고 업그레이드해 놓은 발코니 객실도 있다. 발코니 객실은 객실에서 바다를 내다보며 즐길 수 있는 멋과 분위기를 겸비한 유람선의 꽃이라고 할 수 있는 객실이다. 객실마다 개인 발코니가 있어서 가족이나 연인끼리 발코니에서 프라이빗 공간을 즐길 수 있다.

여행하다 보면 어디에나 부자는 있기 마련이다. 부자들은 부자들의 생활 공간을 원한다. 스위트 룸에는 널찍한 발코니와 객실에는 소파도 있고 화장실에는 욕탕도 있다. 두 개의 TV가 있는가 하면 공간이 넓어서 가족이나 그룹이 묵기에 적당하다.

(9) 이번에는 'Good', 'Better', 'Best' 중에서 하나를 선택하란다. 가장 저렴한 인테리얼 룸을 선택했다.

분류	내용
Good (Princess Standard)	기본만 갖추었다.
Better (Princess Plus)	기본과 플러스로 와이파이 + 각종 음료수 무제한 + 선원들의 환영회 + 매일 프리미엄 디저트 2인분 + 체육관 사용 무료
Best (Princess Premier)	기본과 플러스에다가 특별 만찬 + 사진 프린팅 + 특별 디저트 제공 + 피트네스 무제한 무료 이용 + 프로덕션 쇼 전용 좌석 이용

(10) Interior 룸을 선택하고 나면 몇 층 몇 호실에 투숙할 것인지를 선택해야 한다. 11층을 선택하면 아직 비어있는 객실이 남아있는데 그중에서 하나를 선택하면 된다. 선택이 끝나면 다음에는 객실의 퀸사이즈 침대냐, 아니면 2개의 싱글 침대냐를 선택한다. 객실과 화장실을 사진으로 보여주면서 어떤 것이 있고 없고를 확인

한다.

(11) 우리는 아침을 든든히 먹지만 서구인들은 저녁을 즐긴다. 저녁 식사 시간은 길고 와인과 풍부한 음식을 차려놓고 담소하면서 즐긴다. 크루즈에서의 디너 역시 하루의 꽃이다. 매일 저녁 다른 음식이 나오고 주방 쉐리프가 정성을 다해서 장만한 음식이다. 기대해 볼 만하다. 다이아몬드 프린세스에는 다이닝 룸이 두 곳인데 한 곳은 산타페(Santa Fe) 레스토랑이고, 다른 곳은 패시픽 문(Pacific Moon) 레스토랑이 있다. 그런데 예약 없이는 입장이 불가능하다. 우리는 양쪽 레스토랑을 모두 경험해 보기 위해서 이틀씩 번갈아 가면서 들어가게 예약해 놓았다.

(12) 모든 선택이 끝나면 두 사람의 인적사항을 적게 되어있고 비행기로 공항에 도착하면 크루즈 항만까지 교통편을 제공받을 것이냐를 묻는다. 이 모든 스텝은 요금이 부과된다. 그다음에 여행자 보험에 가입할 것을 권유하고 나면 총액이 화면에 뜨고 예약은 종료된다.

(13) 크루즈 여행을 예약할 때 처음 여행하는 사람은 가능하면 여행사와 의논해 가면서 예약하는 것이 실수 없이 예약하는 방법이다. 본인이 직접 예약하려고 하면 우선 영어가 자유로워야 하고, 크루즈 여행에 관해서 잘 알고 있어야 한다.

여기서 알아두어야 할 점 몇 가지를 이야기하자면 비행기나 크루즈는 기차나 버스 같지 않아서 탑승 가격이 일률적이지 않다. 비행기에 백여 명이 앉아 있어도 같은 가격을 내고 탄 사람은 거의 없다. 모두 다른 가격을 지불했다는 사실을 알아야 한다. 크루즈에 2,600명이 승선해 있어도 모두 다른 가격을 지불했다. 이렇게 버라이어티한 세상에서 제일 좋은 가격을 찾아내기란 여간해서 되는 일이 아니다. 초보자는 경험이 풍부한 여행사를 통할 것을 권한다.

(14) 이번 일본 열도 한 바퀴 여행을 예약하면서 가격을 확정 짓던 일을 예로 보여주겠다. 먼저 인터넷에 들어가 개별적으로 가격을 뽑아냈다. 2인 1실로 둘이서 1,595달러가 나왔다. 이 가격에서 5~10%를 더하면 맞는 가격이다. 이제 정식으로 가격을 지불할 시간이다. 수신자 부담 전화로 프린세스호 대리인(agent: 1-800-PRINCESS)을 불러냈다. 대리인은 참을성도 많고, 고객의 소리를 끝까지 잘 들어주기 때문에 마음 놓고 물어봐도, 또는 한 시간을 붙들고 이야기해도 전혀 싫어하는 기색을 보이지 않는다.

전화로 하나하나 짚어가면서 복기하다시피 따졌다. 대리인은 어떻게 해서라도 고객을 만족시켜 줄 의무가 있다. 내가 인터넷에서 미처 알지 못했던 부분까지 추가해 주었다. 특별 서비스까지 덤으로 얹어주는 행운을 잡기도 했다.

꿀팁

(1) 디너 레스토랑

선상에는 식당이 여러 개 있고, 각기 식당마다 식사 시간도 다르게 책정되어 있다. 먹는 것은 흔해서 아무 때나 무엇이든 먹을 수 있다. 예를 들면 수영장 근처에서는 햄버거나 핫도그처럼 패스트 후드를 먹을 수 있는가 하면 객실에서 식당에 전화해서 배달해 먹을 수도 있다. 하지만 호화 유람선에 왔으면 호강할 수 있는 모든 것을 즐길 필요가 있다. 아침은 아침을 서브하는 식당에서 점잖게 시중을 받아 가면서 먹을 것을 추천한다.

출항 전에 저녁 다이닝 시간을 선택해 두어야 한다. 하루의 일과 중에 저녁 다이닝 시간이 꽃이라 해도 과언이 아니다. 매일 저녁 다른 음식으로 선사가 신경을 써가면서 자랑할 만한 음식을 선보인다. 와인은 개별 주문인데 와인을 즐기는 사람은 병으로 주문해 놓고 오늘 저녁에 마시다가 남은 와인은 보관해 달라고 했다가 다음 날 마시면 된다. 전혀 예의에 벗어나는 매너가 아니다.

보통 디너 시간이 두 그룹으로 나뉘는데 일찍 먹는 디너 시간은 5시가 되겠고, 늦은 저녁은 7시이다. 크루즈 예약할 때 디너도 시간과 장소를 같이 예약한다. 디너가 끝나면 극장에서 쇼가 시작되기 때문에 디너 후에 쇼로 연결하는 게 좋다.

고급 레스토랑처럼 정식 디너이기 때문에 옷을 차려입고 가야 한다. 처음 크루즈를 타는 사람들의 실수가 벌어지기 쉬운 장소인데 캐주얼한 옷을 입고 디너 식당에 들어서면 그곳의 분위기와 어울리지 못해서 주눅 들기 쉽다.

여행 중에 하루는 디너 때 반드시 정장을 차려입어 달라는 날도 있다. 떠나기 전에 미리 확인하고 정장 한 벌을 준비해 가야 한다.

(2) 선상 이벤트와 과외활동

선상 이벤트로는 어떤 것들이 있는지 미리 알아둘 필요가 있다. 유람선 중앙쯤에는 마치 도시의 중심가처럼 5, 6, 7층을 통째로 터놓은 공간이 있다. 이름하여 그랜드 프라자(The Grand Plaza)이다. 선상 생활의 중심지로 다양한 이벤트가 벌어지는 곳이다. 여러 가지 이벤트 시간을 알아두었다가 참석하면 재미가 쏠쏠하다.

극장에서는 저녁마다 다양한 프로그램이 짜여있으니 예약해 둘 일이다. 피트니스 센터도 알아두고 수영장에서도 이벤트가 벌어지니까 미리 알아두면 좋다. 피트니스 센터의 오프닝 시간을 점검해 놓고 짐(체육관)을 언제 이용할 수 있는지 알아둘 필요가 있다. 하루의 스케줄 짜는 데 도움이 되기 때문이다.

크루즈에는 십여 개의 엘리베이터가 있는데 아무리 배가 넓다고 해도 걸어보면 요기서 조기다. 가능하면 엘리베이터를 타기보다는 걸어서 층계를 오르내리는 것도 건강에 보탬이 된다. 커피를 즐기는 사람은 아침 14층 뷔페식당에서 마호병에 채워다가 두고 마셔도 된다.

(3) 기항지 옵션 투어

보통 크루즈의 스케줄을 보면 저녁에 항구를 출발해서 밤새도록 항해하다가 아침에 낯선 항구에 입항한다. 새로운 도시에서 하루를 즐기라는 의미이다. 입항한 크루즈는 온종일 정박해 있다가 저녁에 다음 행선지로 출항한다.

물론 하선하지 않고 선상에서 그냥 하루를 즐기는 여행객들도 많다. 하지만 여행의 즐거움은 관광지를 돌아보는 즐거움이 별미에 속한다. 미리 옵션 투어를 살펴보고 정박할 때마다 무엇을 할 것인지 예약해 두어야 한다. 크루즈 예약할 때 같이 예약하는 게 현명한 방법이다. 탐방이나 투어 코스마다 정원이 있어서 정원이 차기 전에 예약을 서둘러야 한다. 특히 인기 투어는 그렇다. 매번 들르는 항구마다 새로운 투어가 있는데 투어는 별도로 요금을 지불한다.

옵션 투어에는 시티투어, 명승지, 스노클링, 바다낚시 등 그 지역에서 볼만한 곳들을 총망라한다. 주머니 사정과 잘 의논해서 미리 예약해 놓는 게 좋다. 일 예로 뒤늦게 '아키타 사무라이 역사촌'을 관광하려 했더니 영어 가이드 투어는 이미 매진이란다. 할 수 없이 일본어 투어 가이드가 인솔하는 관광 무리에 끼어들었던 일이 있다.

(4) 청량음료(코카콜라, 펩시, 세븐업 등)

선상에서 청량음료는 공짜가 아니다. 일일이 돈 주고 사서 마셔야 하는데 가격(한 잔에 $2.50)이 만만치 않다. 청량음료에 중독 내지는 꼭 마셔야 하는 사람은 청량음료 무제한 서비스 프로그램($661.41)을 미리 사 두는 게 좋다. 만일 프로그램에 가입하지 못한 상태에서 출항했다면 다음 기항지에 입항했을 때 6팩을 사서 가방에 넣어 들고 들어오는 방법도 있다. 재승선할 때 검색하면 청량음료의 반입은 금지되어 있지만 6팩 정도는 승객의 편의를 봐주는 편이다.

(5) 팁

크루즈를 예약할 때 승무원들에게 주는 서비스 팁 $144.00는 별도로 지불해야 한다. 다이아몬드 프린세스호의 승무원이 900명이다. 팁이 어떻게 배분되는지는 알 수 없으나 팁이란 명목으로 지불한 것은 사실이다. 식당에서 서브하는 직원들, 수영장에서 타올이나 선탠 의자 등을 관리하는 직원들, 사진사, 안내원 등 많은 서비스 직원들에게 돌아갈 것이다.

문제는 매일 방 청소해 주는 룸메이드에게 주는 팁이다. 캐빈 스튜워드는 가난한 나라 출신으로 한번 승선하면 9개월씩 하선하지 못하고 선상에서 생활해야 한다. 선박 맨 아래층에서 숙식하면서 매일 일한다.

한 사람이 방 여러 개를 관리하는데 이분들이야말로 관광객을 즐겁게 해 주는 손과 발 같은 존재다. 작별하기 전날 스튜워드한테서 빈 봉투를 받을 것이다(일본은 팁 문화가 없는 나라여서 빈 봉투는 보내오지 않았다). 팁을 달라는 봉투다. 보통 하루에 $2.00씩 계산해서 $20.00 정도 넣어주면 된다.

객실 선택할 때 유의해야 할 팁 8가지

(1) 이상적인 객실 정하기 A

크루즈 여행에서 최고의 객실은 샌드위치처럼 객실과 객실 사이에 끼어있는 방이다. 물론 여행을 예약하기 전에 여행자 본인이 직접 배의 평면도를 보고 객실을 정하는 것이 제일 좋은 방법이다.

(2) 이상적인 객실 정하기 B

객실은 잡음으로부터 자유로워야 한다. 댄스클럽이나 극장 근처(위, 아래층 혹은 옆), 스포츠클럽(시도 때도 없이 소음이 들릴 수도 있다), 야외 풀장, 24시간 운영하는 식당, 엔진 소음이 요란하게 들리는 방, 크루즈 직원들이 들락거리는 통로 근처, 아이들을 동반한 객실 근처 등은 피하는 것이 좋다. 잘못하다가는 밤늦게까지 들려오는 소음 때문에 귀마개가 필요할 수도 있다.

모처럼의 귀중한 휴가, 신혼여행 등을 소음으로 망칠 수는 없다. 만약 이런 상황이 발생한다면 크루즈 직원에게 불만을 호소하고 객실을 옮겨달라고 청원할 수도 있다.

객실을 정하는 데 있어 특히 피해야 할 곳 중 하나는 종업원들이 들락거리는 문이나 통로 근처의 방이다. 이 주변은 24시간 내내 문을 여닫는 소리, 발걸음 소리가 난다. 식당 근처 엘리베이터나 통행량이 많은 곳은 피하는 것이 좋다.

가장 참기 힘든 소음은 배의 엔진 소리다. 엔진 소리는 크루즈

Aft(선미) 아래층으로 갈수록 심하다.

(3) 여행자의 예산에 맞는 객실이 최고의 객실이다.

크루즈 여행을 예약할 때 가장 중요시해야 할 것은 물론 가격이다. 크루즈의 객실은 가격에 따라 스위트룸(Suite), 발코니룸(Balcony), 오션 뷰(Ocean view), 내부 객실(Interior room) 등으로 나누어진다.

① 스위트룸은 가장 넓은 크기의 객실로 침실과 거실 그리고 발코니가 따로 있다.

② 발코니룸은 객실과 개인전용 발코니가 있어서 사람들의 시선을 피해 혼자 일광욕을 즐길 수 있다는 장점이 있다.

③ 오션 뷰는 객실에 창문이 있어 밖을 내다볼 수 있다. 사이즈는 인테리얼 객실과 같거나 조금 넓다.

④ 인테리얼 객실은 가장 작은 크기의 객실로 창문이 없다.

(4) 객실 사이즈는 일률적으로 같은 게 아니다.

크루즈 객실의 사이즈는 가격, 위치에 따라 다른데, 보통 일반 객실의 사이즈는 185sq ft(17sq m^2)이다. 그러나 114sq ft(11sq m^2) 사이즈의 작은 객실도 있다는 사실을 염두에 둘 필요가 있다.

배는 사각형이 아니라 타원형으로 되어있다. 당연히 배 앞쪽에 위치한 객실의 크기는 줄어든다. 배의 형태가 좁아지는 만큼 객실의 크기는 줄어들기 마련이다. 객실을 선택할 때 주의해야 할 점이다. 어떤 크루즈는 발코니를 객실 sq ft에 포함하는 경우도 있다. 그럴 경우 발코니 사이즈만큼 실제 객실의 사이즈는 줄어든다.

(5) 객실에서 내다볼 수 있는 뷰는 매우 중요하다.

최고의 객실은 발코니가 있는 객실이다. 창문만 있는 객실의 경우 때로는 배의 구조적인 문제로 뷰(View, 시야)의 일부를 가리는 수도 있다. 창문이 있되 밖은 보이지 않고 빛만 들어오는 창문도 있다. 창문이 전혀 없는 내부 객실(Interior)은 그 나름대로 즐길 수 있다. 밤낮이 바뀌어서 낮에 잠을 자야 하는 사람, 아니면 녹화된 연속극을 지참한다든가, 글을 쓰는 작가인 경우 인사이드 객실도 무방하다. 뱃멀미가 심한 사람은 내부 객실이 가장 덜 흔들리는 면이 있어서 멀미에 도움이 될 수도 있다.

(6) 객실을 정할 때 배의 앞부분과 뒷부분의 객실을 고려해라.

객실을 정할 때 배의 앞부분(Forward)과 뒷부분(Afterward, Aft)의 객실을 선택할 수 있는데 가능하면 뒷부분의 객실을 선택하는 것이 좋다. 모든 흥행거리, 즉 극장, 댄스클럽, 식당은 배의 앞부분에 자리 잡고 있기 때문에 객실이 앞쪽에 있으면 시끄러울 수도 있다. 뒷부분(Aft)의 높은 층 객실은 조용하고 쾌적하며 유람선이 만들어 내는 물거품 줄기 뷰를 온전히 즐길 수 있다.

(7) 객실 예약 시 이용 인원을 파악해라.

가족이 함께 여행하는 경우, 가족을 위한 객실이 따로 디자인된 크루즈가 있는가 하면 객실을 터서 넓게 해 주는 크루즈도 있다. 엑스트라 베드(Extra bed)를 벙커 베드로 이용할 수도 있다. 많지는 않지만, 혼자 여행할 경우 싱글을 위한 객실이 있는 경우도 있다. 싱글룸을 예약할 경우 일찍 예약해야지, 까딱하다가는 놓치기 쉽다.

(8) 객실의 편의시설과 서비스는 거의 동일하다.

크루즈의 모든 객실에는 객실 청소 담당인 스튜워드(Steward)가 있어서 늘 객실의 청소나 정리정돈을 도맡아 해 준다. 하지만 스위트룸은 더 특별하다. 스위트룸 이용자에게는 여러 가지 특혜가 주어지는데, 무엇이든 먼저 서비스해 주고 스파나 요가도 먼저 이용할 수 있다. 화려한 특수 샤워장과 컨시어지(Concierge, 전용 데스크, 라운지 사용, 선박에서 주는 모든 서비스가 무료, 야외 활동도 무료) 대우를 받는다. 오후 카나페(술안주)도 제공된다.

여담

1912년 침몰이 불가능하다고 믿었던 타이타닉(Titanic)이 대서양에서 빙하와 충돌하면서 침몰할 때 구명보트의 수가 부족해서 승객의 절반밖에는 태울 수 없었다. 누가 탈 것이냐는 문제가 제기됐다. 당시 선장은 1등실(스위트룸) 승객과 아녀자만 태울 것을 명령했다.

05
크루즈 여행을 예약하면서

때로는 여행사에서 크루즈 여행을 축하한다면서 샴페인과 초콜릿을 묻힌 딸기 접시를 발코니로 배달해 주었을 때의 기분, 세상에 태어나서 자신이 존귀한 대우를 받는다는 느낌이 절로 드는 순간이다.

일본 열도 한 바퀴 여행에서 우리 부부가 선택한 객실은 가장 저렴한 '인테리얼 캐빈(Interior Cabin)'이다. 크루즈 여행을 많이 다녀봤어도 알토랑 같은 내 돈을 내고 여행하기는 이번이 두 번째다. 막상 내 지갑에서 지출하려니 발코니가 달린 스테이터룸은 부담스럽다. 기억을 떠올려 보았다. 스테이터룸에 투숙해 봤자 저녁이면 드레이퍼리(Drapery: 긴 커튼)로 발코니 샤시(Sliding Door)를 가리면 바다가 보이지 않으니 인테리얼 캐빈이나 다를 게 없다. 방에 머무는 시간은 대부분 잠자는 시간이다. 멀쩡한 대낮에 방에 머무는 시간은 그리 많지 않을 것이다.

내가 가장 저렴한 가격대의 객실로 선택한 이유이다.

가격은 좋았지만 '인테리얼 캐빈'에 투숙하기는 이번이 처음이다. 처음으로 경험해 본 인테리얼 캐빈은 바다를 내다볼 수 있는 창문이 없어서 답답했다. 날이 밝았는지, 해가 뜨는지 알 수 없으니 오로지 시계에만 의존하는 엉뚱한 생활 패턴이 벌어졌다. 시설이 저급하거나 부족한 건 없다. 처음 크루즈를 경험하는 사람은 인테리얼 캐빈을 럭셔리라고 생각하겠으나 여러 번 경험하고 나면 생각이 달라진다.

바다가 보이는 발코니가 있는 객실은 가격이 비싼 건 사실이지만 그만큼 가치가 있다. 커튼 사이로 아침 햇살이 들어온다. 파도 소리에 잠이 깬다. 문만 열고 밖에 나가면 보이는 게 바다인데 방에서까지 바다를 볼 필요가 있겠는가 하는 사람도 있을 것이다. 방에서 바다가 보이고, 안 보이고는 작은 문제일 것 같지만 그렇지 않다. 발코니에 나가 아웃도어 테이블에 앉아 신선한 공기를 마신다는 게 얼마나 유쾌한 기분인가? 발코니에서 맥주라도 한 잔 마신다면 신선 놀이에 비하겠는가? 기왕에 기분 전환하려고 멀리 바다에 나왔는데 방에 누워서도 바다를 볼 수 있다는 건 얼마나 낭만적인가? 자신이 태어나서 존귀한 대접을 받는 것 같아서 아무도 부럽지 않다는 마음의 만족감을 얻게 된다.

바다가 보이는 방에 앉아있으면 크루즈를 타고 여행 중이라는 기분이 저절로 든다. 더군다나 같이 여행하는 사람이 사랑하는 사람이라면 바다가 보이는 캐빈이야말로 마음을 들뜨게 하고도 남는다. 가격이 좀 더 비싸더라도(1인당 $400.00 정도) 그만한 가치가 있다는 믿음이 충만했다.

06

크루즈 여행 알고 준비하자

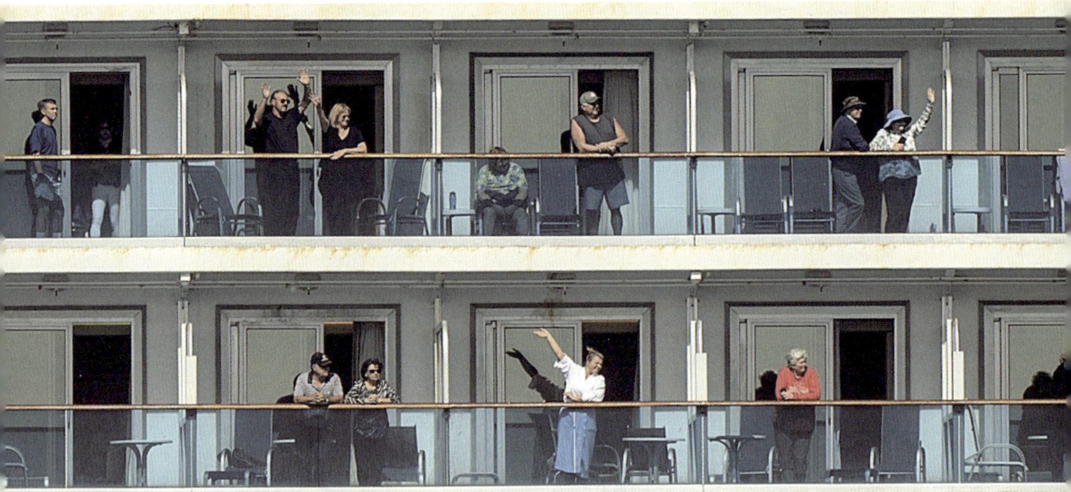

크루즈의 승객들이 객실 발코니에 나와서 출항을 기다리는 모습

크루즈 여행을 계획하기 전, 혹은 이미 계획했다면 예약하기 전에 몇 가지 사항을 점검해 볼 필요가 있다. 크루즈 여행은 일반 여행과 달라서 적어도 수개월 내지는 일 년 반 전에 예약이 이루어지게 된다. 그만큼 예약 기간이 길다 보니 그사이에 어떤 일이 발생할지 알지 못한다. 그 때문에 예측하고 예비해 두어야 할 부분이 반드시 존재한다.

또한, 크루즈 여행을 예약했다고 해서 더 이상의 경비가 필요 없는 것은 아니다. 여행하다 보면 가외의 경비가 지출되기 마련인데, 크루즈 여행도 예외는 아니다. 술이나 소다(Soda), 드링크(Drink), 특별한 레스토랑, 스파숍(Spa shop)에서의 마사지, 팁(Tip) 또는 항구에 입항해서 관광하는 투어 같은 부분에 대한 경비는 별도로 준비해야 한다.

살면서 때를 맞추는 것이 매우 중요하다는 것은 이미 다들 알고 있을 것이다. 되도록 연휴나 학교 봄방학 시즌, 여름방학 시즌, 크리스마스와 새해맞이 같은 특별한 날은 피하는 것이 좋다. 사람이 몰리는 시즌에는 당연히 가격도 올라가기 마련이다.

그리고 자신만을 생각할 것이 아니라 동반자가 누구인지, 동반자의 입장에서 살펴보아야 할 것도 있다. 예를 들어, 동반자가 부모님이라면 노인들이 알아두어야 할 것들, 장애인이라면 장애인이 겪어야 하는 일들, 아동이라면 아동들의 활동 상황 등을 미리 알고 이에 맞춰 준비해야 할 것이다.

　인터넷으로 크루즈 라인을 찾아보고 비교 및 분석할 때는 크루즈 라인만 알아둘 것이 아니라 자신이 승선해야 할 크루즈를 공부해 둘 필요가 있다. 데크(Deck, 갑판)에 수영장이 하나 있는 크루즈도 있고, 둘 있는 크루즈, 셋 있는 크루즈도 있다. 수영장이라고 해도 물이 깊지 않아 무릎이나 배꼽을 조금 넘는 정도의 높이인 수영장이 있는가 하면 요즈음 대형 크루즈는 적어도 2m 깊이의 수영장이 대부분이다. 이처럼 해당 크루즈에 어떤 시설들이 있으며 즐길 거리가 무엇인지 미리 점검해 둘 필요가 있다.

　크루즈를 타기 위한 항만으로 가는 비행 노선은 어떤지, 비행 경비는 얼마나 드는지도 자세히 알아봐야 한다. 크루즈 객실 중에서 발코니(Balcony)가 있는 객실은 매우 훌륭하다. 그러나 객실 요금도 만만치 않다. 나는 여러 번 발코니가 있는 객실에서 지내봤지만, 실제로 개인 객실에서 발코니에 나가 있는 시간은 별로 많지 않다는 사실을 염두에 둘 필요가 있다. 더 지불한 가격만큼 대가를 기대할 수 있느냐도 따져볼 일이다.

　하지만 최근에 일본 열도 한 바퀴 크루즈로 여행했는데 크루즈 여행을 여러 번 했어도 인테리얼 캐빈은 처음 경험해 보았다. 방에 창문이 없으니 날이 밝았는지, 어두워졌는지 알 길이 없다. 오로지 시계를 보고 머리로 계산해서 짐작해 봐야 한다. 모처럼 떠나온 여행인데, 그것도 호화선 여행인데 방에서 바다를 내다볼 수 없다는 것은 불행이라면 불행이다. 사람의 기분이라는 게 간사해서 말 타면 경마 잡고 싶다고 호화선을 탔으면 기왕이면 호강하고 싶은 게 사람이다. 스위트 룸까지는 아니더라도 발코니가 있는 룸에는 있어야 호화선을 탄 기분이 난다.

프린세스 크루즈뿐만 아니라 모든 크루즈에 왜 발코니 캐빈이 인테리얼 캐빈보다 많은지 생각해볼 일이다. 프린세스에는 발코니 캐빈은 1,000객실이고, 인테리얼 캐빈은 375객실이 있다. 하지만 객실을 정할 때는 자신에게 맞는 객실을 선택해야 한다.

한편으로, 크루즈 여행 시에 뱃멀미를 걱정하는 경우도 있는데 크루즈 선박은 기본적으로 100,000~200,000톤급의 대형 선박이고, 주로 연안을 항해하기 때문에 선체가 크게 요동치지 않는다. 나는 자동차 멀미, 뱃멀미를 몹시 하는 사람인데도 열댓 번 크루즈 여행을 했지만 한 번도 뱃멀미해 본 경험이 없다. 안방처럼 편안하다. 만약 그래도 염려된다면 객실을 내실 중앙으로 정하면 더욱 안전하다. 비상시에 대비해서 멀미약 등 준비해 가는 것도 방법이다.

짐 가방을 꾸릴 때도 유의사항이 있다. 어느 철에 어느 곳을 여행하느냐에 따라 챙겨야 할 옷이 있기 마련이다. 한 가지 분명한 것은 정장 한 벌을 반드시 챙겨야 한다는 것이다. 크루즈 여행 시에는 정장을 입고 만찬에 참석해야 하는 저녁이 있다. 드레스 코드에 정장을 입어달라고 통보한다. 다른 사람들은 모두 정장을 입었는데 본인만 격식을 차리지 않은 간편한 옷을 입었다면 분위기에 맞지도 않고 왕따당하는 기분이어서 모처럼의 저녁 식사를 망치고 마는 수가 있다.

정장을 입는 저녁 식사 때는 선장과 같이 사진을 찍는 시간도 있다. 선장뿐만이 아니라 레스토랑에서도 사진사가 사진을 찍어준다. 옷을 잘 차려입은 김에 이곳저곳 다니면서 기념사진을 찍는 커플들도 많다. 지나고 나면 남는 것은 사진뿐이다. 많이 찍었다고 해서 나쁠 것은 없다. 그것도 정장으로 잘 차려입고 찍는다면 오래 두고 봐도 멋진 추억으로 남을 것이다.

07
크루즈 여행 가방 꾸리기 팁 14가지

여행을 떠나기 전에 짐을 꾸리는 것은 노역이 아니라 행복이다. 여행자에게는 지도를 들여다보며 여행지를 그려보는 시간이야말로 돈 주고도 살 수 없는 행복한 시간이다. 이렇게 행복한 시간을 오래도록 꿈꾸게 하는 여행이 크루즈 여행이다. 여행 계획과 일정, 예약에서 끝날 때까지 오랜 시간이 소요되기 때문이다.

나의 경우, 크루즈 여행 시에는 간단하게 갈아입을 가벼운 옷, 상비약, 세면도구는 늘 휴대용 가방에 넣고 다닌다. 만일 모든 것이 들어있는 짐 가방이 늦게 도착할 경우를 대비해서다. 귀중품, 전자제품, 보석 같은 물건들은 짐 가방에 넣지 말고 휴대용 가방에 넣어 다녀야 한다. 가족이 함께 여행할 경우, 옷을 담는 여행 가방마다 어른 옷과 아이 옷을 섞어서 담아라. 이렇게 한다면 만일 가방을 하나 잃어버리더라도 어느 정도 대비할 수 있다.

멀리 떠나는 여행이 아니라 일본을 돌아보는 여행이어서 우리 부부는 간단하게 각자 캐리온 여행 가방을 하나씩만 가져가기로 했다.

(1) 가방은 작고 가벼울수록 좋다.

여행할 지역의 기온과 습도를 미리 체크해서 그곳에 맞는 옷을 챙겨야 하고, 작은 우산은 항시 지참하는 게 좋다.

(2) 크루즈 라인의 복장 규정을 반드시 숙지하라.

크루즈 여행 중, 만찬 등 특별한 날의 저녁은 드레스 코드로 정장을 요구한다. 남들은 모두 정장을 입었는데 자기만 입지 않았다면 마음이 편치 않을 것이다. 그뿐만 아니라 때로는 정장을 입지 않았다면 레스토랑 입장을 허락하지 않는 경우도 있다. 어디서나 레스토랑은 분위기를 중요시한다.

(3) 객실에서 빨래할 생각은 버려라.

모든 크루즈는 객실에서의 빨래를 금지한다. 대신 세탁소가 있지만, 비용이 비싸므로 가능하면 빨랫감은 집으로 가져가는 것이 좋다. 또한, 크루즈 라인을 잘 살펴보면, 일주일 넘게 여행할 경우에는 객실 층마다 빨래방이 있어서 빨래가 가능하기도 하다.

장기간 여행하다 보면 당연히 빨래가 쌓이고 갈아입을 옷도 없어지게 된다. 그렇다고 비싼 세탁소를 매번 이용하기는 어려운 노릇이다.

여행을 준비하면서 짐을 작게 꾸리다 보면 속옷이나 양말은 우선 덜어놓게 된다. 일주일 이상 여행하는 크루즈에는 객실 층마다 누구나 사용할 수 있는 자가 세탁소가 24시간 열려 있다. 자가 세탁소에는 세탁기와 건조기가 있어서 얼마든지 옷을 빨아 입을 수 있다. 다리미질 등의 전반적인 시설도 완벽하게 갖춰져 있다. 무료인 크루즈, 유료인 크루즈도 있다. 유료인 경우, 토큰을 넣어야 하는데 토큰으로 바꿔주는 기계가 설치되어 있다.

(4) 세면도구를 챙겨라.

대부분의 크루즈 라인은 물비누, 샴푸, 헤어드라이어가 갖춰져 있다. 하지만 본인만 쓰는 용품이 있다면 반드시 챙겨가야 한다. 크루즈에 있는 헤어드라이어는 파워가 약해서 까다로운 승객은 자신이 쓰던 기기를 가져가기도 한다. 대부분의 크루즈에는 물비누, 샴프, 로션 크림은 비치되어 있어도 치약, 칫솔은 없다. 치약, 칫솔은 반드시 챙겨가야 한다. 치약을 안 가지고 와서 사러 다니는 승객도 보았다.

(5) 전기 변환 코드는 필수

미국은 전기 볼트가 110이고, 한국은 220이다. 대형 크루즈는 110볼트로 되어있다. 한국인은 휴대폰이나 노트북을 충전하기 위해서는 반드시 110을 220으로 전환하는 전기 코드를 지참하기 바란다.

(6) 보온병의 필요성

앞에서도 기술했듯이 객실 수도에서 나오는 물은 안 마시는 게 좋다. 식당에서 마시는 물, 그것도 시원한 물을 보온병에 담아놓고 마시는 게 좋다. 아침이면 뷔페 식당에서 커피를 보온병에 담아가는 승객도 많다.

(7) 급한 빨래

속옷이나 양말을 그날 그날 빨아서 입는 습관을 가진 사람은 작은 빨래비누를 가져가야 한다. 크루즈에서는 물비누는 있어도 딱딱한 비누는 없다. 화장실에서 간단한 빨래를 하더라도 발코니에 널어놓으면 안 된다. 실내에서 말리되 청소하느라고 들락거리는 스튜워드 눈에 띄지 않게 해야 한다.

(8) 썬블락 로션과 양산

자외선으로부터 피부를 보호하기 위해서는 썬블락 로션을 자주 바르는 게 좋다. 바다에서는 늘 태양과 바람에 노출되는 시간이 길다. 햇볕이 따가운 여름이라면 양산은 필수다. 양산은 우산의 역할도 하는 이중성이 있는 제품이라면 좋다.

(9) 여행 복장의 중요성

어떤 옷을 가져가야 할 것인지 미리 알아보고 준비하는 것이 중요하다. 어느 지역을 여행하느냐에 따라서 가져갈 옷도 다르다. 하지만 꼭 가져가야 할 옷은 선상에서 입는 옷으로 모자가 달린 가벼운 바람막이(Wind Jacket) 재킷과 가벼운 바지, 반바지 및 조깅복을 포함한 캐주얼 스포츠웨어는 더운 기후에서 바다와 해변에서 활용도가 많다.

유럽을 여행할 경우 대개 짧은 바지나 블루진(청바지) 입는 것을 허용하지 않는 지역이 많다. 특히 성당이나 성스러운 곳을 방문할 때는 짧은 바지를 입었다면 입장을 거부당할 수도 있다. 캐리비언(Caribbean) 버뮤다(Bermuda)의 경우 반바지, 청바지 복장으로 가면 골프장 입장을 불허한다. 그러나 그렇다고 해서 무더운 날씨에 긴 바지만 입고 다닐 수도 없는 노릇이다. 크루즈 여행 시에는 캐쥬얼(Casual)하게 입는 것을 기본으로 하되, 어디를 방문할 것이냐에 따라 복장을 달리할 필요가 있다.

(10) 발이 편한 신발을 신어라.

어느 여행이나 여행에 맞는 신발은 매우 중요하다. 크루즈 여행에 맞는 신발은 어떤 것이 있는지 알아보자. 신발은 발이 편한 신발이어야 한다. 신고 생활하기에 가볍고 편안하면 그만이다. 크루즈에서 신기에 좋은 신발은 대략 다음과 같다.

종류	내용
운동화	밑창이 고무로 된 운동화면 합격이다. 새로 사기보다는 신던 신발을 신되, 깨끗하고 편한 운동화면 좋다.

구두	앞서도 말했지만, 크루즈 여행 시에는 정장을 입어야 하는 경우가 있어서 구두를 준비해야 한다. 준비해 가는 옷에 어울리는 구두면 된다.
슬리퍼	보통 크루즈 수영장이나 비치 의자, 선탠 베드에서 누워지낼 때 간편하게 슬리퍼를 신고 다닌다. 또한, 하선해서 비치에 나갈 때도 슬리퍼는 유용하다.
등산화	스케줄에 고적지를 답사한다거나 트래킹이 들어있다면 등산화가 필요하다. 기항지 관광 상품 중에 정글 산악 하이킹, 폭포를 보기 위한 하이킹, 계곡을 탐험하는 하이킹 등이 있다.

(11) 여행 가방에 여유 공간을 남겨놓아라.

여행지에서 기념품을 사다 보면 가방에 여유가 없다. 가능하면 가져가 봐야 별로 필요하지 않은 기념품은 사지 않는 게 좋다. 하지만 아이들에게 선물이라도 주려면 작으나마 기념품을 사지 않을 수 없다. 접었다 폈다 하는 여분의 가방을 준비해 가는 것도 방법 중의 하나다.

(12) 어떤 여행이든 짐은 짐이 된다.

자주 입는 옷인지 안 입는 옷인지 가려내어 최대한 짐을 줄이는 게 좋다. 크루즈 여행 시에 같은 옷을 두세 번 입었다고 해서, 남들이 알아보거나 신경 쓰지 않는다. 한 벌의 바지로도 웃옷을 바꿔 입음으로써 얼마든지 새로운 느낌을 낼 수도 있다. 부부간에 네 옷, 내 옷을 더 넣으려고 들지 말고 최대한 필요한 옷만 넣어 간단하게 가방을 챙겨라. 관광지에 가면 티셔츠는 얼마든지 싸게 사서 입을 수 있다.

(13) 객실에는 자명종 시계가 없다.

만약 알람이 필요해서 스마트폰으로 대신하려거든 휴대폰 이용 요금을 확인하고 사용하는 게 좋다. 그렇지 않으면 차후에 로밍 요금이 많이 부과될 수도 있다. 상비약, 배터리, 자외선 차단 로션, 귀마개 등을 배에서 구입하려면 매우 비싸다는 점도 알아둘 일이다.

(14) 하선 시 짐가방 꾸리기

크루즈에서 하선 시에는 하선하기 바로 전날 자정까지 짐가방(Luggage, 수화물)을 객실 문 앞에 내놔야 한다. 수화물은 부두에서 찾거나 내가 공항에 가는 버스에 타면 가방도 같이 실린다. 비행기를 이용할 때 가방 무게가 50파운드(약 23kg)가 넘으면 무게 초과 비용을 지불해야 하므로 50파운드 미만이 되게끔 신경 쓰는 것이 좋다. 스튜워드가 손저울을 가지고 있으니 미리 무게를 달아보는 것도 한 방법이다. 서류나 귀중품은 들고 다니는 가방(Carry-on luggage)에 넣는 것이 좋다.

08
레스토랑에서 지켜야 할 매너

대형 크루즈 선박들은 대동소이(大同小異)하다. 프린세스 다이아몬드에 2,000명이 넘는 승객이 탑승했으니 그 많은 인원이 식사하자면 식당도 많아야 할 것이다.

대형 레스토랑이 3곳, 뷔페 식당이 한 곳 있는가 하면 피자, 햄버거를 제공하는 간이 식당이 있다. 먹는 것은 여행에 포함되어 있어서 맛있고 깔끔한 음식을 무제한 무료로 제공한다.

그런가 하면 유료 레스토랑도 3곳이나 있다.

일 예로 일본 레스토랑 '카이 스시'는 7층에 있는데 디너만 제공한다. 가격을 살펴보면 식전 애퍼타이저로 '하마치 타코스' $12.00, '세비체(셀몬, 새우, 가리비, 문어, 하마치) $14.00, 메인 코스로 각종 니기리 스시 2편 한 접시에 $5.50, 사시미 2편 한 접시에 $5.00. 3~4 접시 먹다 보면 1인당 $100.00 우습게 나온다.

14층 크루즈 앞쪽에는 가장 많은 사람이 붐비는 홀라이존 콜트 뷔페 식당이 있다. 뷔페는 당연히 오만가지 음식을 다 차려놓고 손님을 기다린다. 그러나 뷔페라는 이름과 어울리게 식당치고는 B급에 속한다. 음식도 그렇고 종업원이며 서브하는 매너, 식기 모두 B급이다. 접시(Dish)와 볼(Bowl), 커피잔, 주스컵 또한 모두 플라스틱 식기들이다. 실버워도 스테인리스이다. 웨이터며 웨이트리스도 세련되지 못한 제3국인으로 젊은 초보자들이다. 손님들도 고급스러운 손님보다는 편하게 오는 일반적인 손님들이 대부분이다. 식당에서는 편한 캐쥬얼을 입었을망정 큰소리로 이야기한다거나 웃는 것은 예의가 아니다.

　나는 뷔페에 다녀오면 배가 불러서 잠을 이루지 못하는 경우가 있어서 되도록 뷔페는 피해 다닌다. 취향에 따라 다르겠지만, 아침은 뷔페보다 인터네이셔널 레스토랑에서 먹는다. 다이닝 룸은 고급스러운 분위기에 테이블보가 덮인 식탁에는 냅킨과 실버워가 놓여있다.
　식기들도 커피잔도 모두 사기그릇이다. 물 마시는 컵이나 주스컵도 유리인 것은 물론이다. 포크나 나이프는 비록 도색이긴 하지만 은으로 되어있다. 그리고 종업원 또한 제3국인이지만, 숙련된 웨이터가 서브한다.

　크루즈 선의 종업원들은 무조건 친절해야만 한다고 훈련받았기 때문에 모두 웃는 얼굴이다. 아침 식사로 간단하게 계란 프라이에 베이컨을 먹는다. 쾌적하고 안락한 분위기에서 네모난 각진 코너를 둥글게 처리한 선박용 창문을 통해 들어오는 아침 햇살과 수평선을 바라본다. 자를 대고 줄을 그은 듯한 수평선은 어디선가 보았던 그림을 떠올리게 한다.

　크루즈에서 생활하면 일출이 자연스럽게 생활 속으로 묻어든다.

점심과 저녁도 같은 레스토랑에서 서브하지만, 점심으로 채소를 많이 먹어야 하겠기에 뷔페로 가서 샐러드 두 접시로 배를 채웠다.

저녁은 디너 전용 'Santa Fe Dining Room'이나 'Pacific Moon Dining Room'에 예약이 되어있다. 이곳은 크루즈 선상에서 가장 고급 레스토랑이다. 그날의 메뉴가 식당 문 앞에 붙어있어서 먼저 읽어보고 먹을 만한지 알아볼 수 있다. 또한, 이곳에서는 반드시 그날의 드레스 코드(Dress cord, 복장 규정)에 맞춰 차려입어야 한다. 선상에서 매일 배달되는 일정 소식지 맨 윗줄에 그날 날씨와 드레스 코드가 적혀있다.

레스토랑에 드나들 때는 스마트 캐주얼하게 입는 경우도 있고, 라이트 캐주얼하게 입는 경우도 있다. 그러나 반바지나 블루진(Blue jeans, 청바지)은 안 된다. 간혹 그날의 드레스 코드가 정장(Formal)인 날도 있어서 주의 깊게 살펴봐야 한다. 정장을 입는 날은 정식으로 옷을 차려입고 넥타이까지 매야 한다. 이브닝 드레스(Evening dress)에 하이힐을 신은 여자도 많다.

서구인들에게 저녁 만찬은 매우 중요해서 평상시 집에서도 옷을 차려입고 분위기 있는 레스토랑에 가서 저녁 먹는 것을 큰 이벤트로 생각한다. 남편이 부인을 동반하고 레스토랑에 간다는 것은 애정의 표시이기도 하다. 돈이 쏠쏠하게 드는 이벤트여서 자주 나설 수 있는 것도 아니다. 그러나 이렇게 고귀한 이벤트를 매일 저녁 즐길 수 있는 것 역시 크루즈 여행의 장점이다.

다이닝 룸에서의 저녁 식사는 당연히 크루즈 예약 시에 저녁 만찬도 같이 예약한 손님만 들어갈 수 있다. 나의 경우에는 저녁 5시 15분, 7시 30분짜리 중에서 5시 15분 식사로 예약해 놓았다. 메달리온에 다이닝 룸 번호가 있어서 레스토랑 입구에서 확인한다.

다이닝 룸 예약에서도 여러 가지를 선택할 수 있다. 두 사람만 앉기를 원하느냐, 네 사람이 같이 앉기를 원하느냐, 여러 사람과 어울려 앉기를 원하느냐는 물음에 선택할 수도 있고, 승객이 인원을 정할 수도 있다. 장애인일 경우도 있고, 아이를 동반한 경우도 있기 때문에 이러한 선택은 꼭 필요하다.

내가 크루즈 여행을 하면서 매우 잘한 일이 있다면 만찬을 사전 예약해 놓은 일이다. 자리는 예약해 놓은 대로 늘 같은 자리다. 당연히 담당 웨이터의 특별대우를 받기 마련이다. 우리 테이블을 담당한 웨이터는 멕시코시티(Mexico City)가 고향인 10년 차 베테랑 웨이터로 '라르리가스'라고 자신을 소개했다.

이곳에서는 웨이터나 웨이트리스들도 고급스러운 복장으로 차려입고 있다. 손님에게는 극진한 대우를 해 준다. 웨이터가 극진히 서브하는 까닭은 손님에게 잘해주면 가외의 팁이 생기기 때문이다. 우리 같은 경우, 예약할 때 이미 팁을 지불했기 때문에 별도의 팁을 따로 줄 이유는 없지만, 잘해줘서 고맙다고 팁을 내놓는 사람도 많다. 나 역시 동부 캐나다 크루즈 여행을 할 때 마침 카지노에서 딴 돈이 있기에 웨이터에게 팁을 두둑이 준 적도 있다.

 음식을 주문하기 전에 메뉴를 읽어보지만, 때로는 음식의 맛과 양을 가늠할 수 없을 때도 있다. 이럴 경우 웨이터에게 음식의 양과 질을 자세히 물어보고 양이 적다 싶으면 다른 메뉴를 하나 더 시켜 놓았다가 먹으면 된다. 다시 말해서 두 사람 저녁 식사로 세 접시를 시켜도 무방하다. 만족할 때까지 먹어도 된다. 만찬에는 그날 그날 다른 특식이 나오기 때문에 충분히 만찬을 즐길 수 있다.
 식사 시에는 'Starters, soups & salad' 메뉴를 먼저 시켜 먹는 것이 좋다. 늘 새로운 메뉴가 등장하기 때문에 주의 깊게 살펴보고 새로운 음식을 맛보는 기회로 삼아도 좋다. 스타터로는 달팽이 요리가 나오는 등 날짜별로 다채로운 요리가 제공된다. 여담이지만 프랑스에서는 달팽이 요리는 고급이면서 진귀해서 가격도 만만치 않다. 이 기회에 맛보는 것도 좋을 것이다.

　레스토랑에서 테이블 위에 놓여있는 여러 종류의 기물을 접하면 사용법을 몰라서 당황하게 된다. 특히 둥근 테이블에 여러 사람이 앉는 경우에 그렇다. 먼저 내가 사용할 기물들과 다른 사람의 것을 구분해야 한다.

　내 자리 테이블 위에는 와인잔과 물컵이 있는데 내가 사용할 유리잔과 컵은 오른편에 위치해 있다. 둥근 테이블일 경우 헷갈릴 수 있다. 그리고 커피 스푼과 과일 포크가 가로로 놓여있다. 그다음 왼편에 빵을 놓는 작은 접시가 있고, 접시 위에 버터 나이프가 놓여있다. 그리고 키가 조금 작은 포크와 정식 포크가 있고, 중앙에 냅킨이 있으며, 오른편에 정식 나이프, 정식 스푼, 조금 키가 작은 나이프가 놓여있다.

자리에 앉자마자 성급하게 냅킨을 펴는 것은 조금 그렇다. 테이블을 둘러보고 모두가 자리에 앉고 난 후에 천천히 냅킨을 펴서 무릎 위에 놓는다.

자리에 앉은 사람들 모두 준비가 끝나면 웨이터가 갓구운 빵이 식을까 봐 냅킨으로 덮은 작은 소쿠리를 테이블 중앙에 가져다 놓을 것이다. 냅킨을 걷어내면 따끈따끈한 빵이 들어있다. 빵을 집어다가 왼편 작은 접시에 놓는다. 식사를 주문하고 나오기까지는 시간이 걸린다. 먼저 빵을 시식해도 된다. 빵을 반으로 가르고 버터칼로 버터를 바르고 먹는다. 갓 구운 빵이어서 맛이 훌륭하다. 맛있다고 두세 개 먹는 것은 예의에 어긋난다. 하나 정도로 입가심하면서 담소도 하고 식사를 주문할 메뉴도 본다. 빵이 모자라면 더 달라고 하는 것은 예의와는 무관하다.

무엇을 먹을 것인지 준비하고 있다가 웨이터가 오면 먼저 애피타이저로 수프나 샐러드를 주문한다. 그리고 메인 디쉬를 주문하는데 잘 모르는 음식이 대부분이다. 웨이터에게 물어보고 주문하는 것이 좋다. 그래도 모를 경우에는 그날의 스페셜을 주문하면 무난하다.

애피타이저로 수프가 나오면 오른편 실버웨 중에서 정식 스푼을 사용하면 되고, 샐러드라면 왼편 포크 중에서 키가 조금 작은 포크를 사용하면 된다. 샐러드를 다 비운 다음 포크는 샐러드 접시 위에 그냥 놔두면 웨이터가 샐러드 식사가 끝났다는 것을 알고 접시를 치워준다.

메인 디쉬에는 정식 나이프와 포크를 사용하게 된다. 왼손에 포크, 오른손에 나이프를 들고 음식을 포크로 눌러 고정시키고 나이프로 먹을 만한 크기로 자르면 된다. 왼손에 포크가 들려있으니 왼손으로 먹는 것이 정식이지만 나이프를 접시에 얹어놓고 오른손으로 포크를 사용해도 흉이 아니다. 또한 식사 중에 와인을 마신다거나 음료수를 마실 때는 나이프의 날이 안쪽으로 향하게, 포크는 엎어서 포크 왼편, 나이프 오른편 접시 위에 놓고 오른손으로 잔을 들면 된다.

식사가 끝나면 접시 중앙에 나이프, 포크, 스푼을 나란히 놓는다. 혹시 집기를 마룻바닥에 떨어트렸을 경우는 본인이 직접 주워서는 안 된다. 이때에는 웨이터에게 도움을 청해야 한다.
식사 도중에 물이나 음식을 엎질렀다면 직접 치우려고 하지 말고 웨이터를 불러야 한다. 한국에서는 식사 중에 말하지 말라고 하지만, 서양에서는 식사하면서 담소하는 것이 예의이다. 혹시 이야기에 열중하느라고 양손에 나이프와 포크가 들려있는 것도 모르고 떠드는 실수는 금물이다.

메인 식사가 끝나면 웨이터가 디저트 메뉴를 가져온다. 디저트로 아이스크림이나 케이크 혹은 과일이 담긴 작은 접시가 나오면 아이스크림일 경우 유리컵 옆에 가로놓인 작은 티스푼을 사용하고, 케이크나 과일이면 역시 가로놓인 작은 포크를 사용하면 된다.

무릎 위에 펼쳐놓은 냅킨은 식사하면서 수시로 입 언저리를 닦는 데 사용한다. 냅킨의 재봉질을 보면 냅킨의 안과 밖이 구분된다. 입 언저리를 닦을 때는 냅킨 안쪽으로 닦아야 한다. 입을 닦는다고 해서 정말 입을 닦는 게 아니라 입 언저리를 꾹꾹 눌러 음식 묻은 거를 닦아내는 정도다. 냅킨에 루즈를 묻혀내는 것은 실례가 된다. 식사가 다 끝나고 자리에서 일어날 때는 냅킨을 잘 접을 필요 없이 쓰던 대로 메인 디쉬가 있던 자리에 놓고 일어서면 된다.

09 뷔페에서 지켜야 할 매너 6가지

어떤 크루즈이건 뷔페는 있기 마련이고 아침, 점심, 저녁 모두 써브한다. 물론, 3번의 코스를 즐길 수 있는 메인 레스토랑도 있지만, 뷔페는 그 편리함과 다양성 때문에 인기가 있다. 만일 간단한 샐러드만 원할 경우 뷔페라면 걱정할 필요가 없다. 얼마든지 샐러드만 만끽할 수 있다. 하지만 뷔페에서 해서는 안 되는 일도 있다.

(1) 음식 낭비를 막자.

샐러드 바에서부터 다양한 핫 요리와 디저트에 이르기까지, 유람선 뷔페는 먹을 게 한도 끝도 없이 많다. 어떤 결정을 내리기 전에, 먹고 싶은 음식이 무엇이 있는지 뷔페 전체를 살펴봐야 한다. 첫 번째 요리 중 하나가 매력적으로 보일 수도 있지만, 다른 곳에 더 먹음직스러운 음식을 찾아볼 필요가 있다. 너무 일찍 접시를 채우면 먹을 것보다 더 많은 음식을 접시에 담게 되고, 결국 버리게 된다.

(2) 식기 재사용 금지

유람선 뷔페에서 접시를 재사용하는 것은 교차 오염과 세균의 확산으로 이어질 수 있기 때문에 같은 접시를 다시 사용해서는 안 된다. 이미 담아놓은 음식이 맛이 없다거나 먹기 싫다면, 그냥 테이블 귀퉁이에 밀어놓고 다시 새 접시에 먹고 싶은 음식을 담아오면 된다. 테이블 귀퉁이에 밀어둔 접시는 새 접시에 음식을 담아오는 동안 테이블을 치우는 승무원들이 가져갈 것이다. 간단한 디저트나 빵 하나를 집어오려고 해도 새 접시를 사용하라.

(3) 뷔페에 입장하기 전에 반드시 손 씻어라.

최소한 손 소독제라도 사용하라. 일단 손을 씻고 나면, 뷔페에서 얼굴과 머리를 만지는 것을 피해야 한다. 게다가, 만약 여러분이 몸이 좋지 않다면, 뷔페를 피해야 한다. 대신, 룸서비스에서 무언가를 주문하거나 다른 사람이 음식을 가져오도록 하는 것을 고려해야 한다. 충분한 휴식을 취하면 기분이 더 빨리 나아질 뿐만 아니라, 다른 손님들의 안전에 대해서도 생각하는 것이 예의다.

(4) 맨손으로 음식을 만지는 것은 금물이다.

서빙 도구를 사용할 수 있는 데는 이유가 있다. 방금 손을 씻고 깨끗하다고 확신하더라도 유람선 뷔페에서 음식을 손으로 잡는 것은 여전히 금지다. 누구라도 다른 사람이 만졌던 음식을 먹고 싶지 않을 것이다.

(5) 반드시 차례를 기다려라.

유람선에 타고 있는 동안 인내심을 발휘해야 한다. 수천 명이 휴가를 즐기려고 하는 마음은 같기 때문이다.

(6) 뷔페라고 해서 마냥 자유로울 수만은 없다.

캐주얼하게 입는 것은 자유이지만 젖은 수영복 차림이라든가 맨발로 드나들어서는 안 된다.

⑩ 크루즈 10일 일본 일주 여행

(A) 크루즈 승선 절차

아주 오랜만에 김포공항을 거닌다. 미국행 비행기가 김포공항에서 인천공항으로 이전한 이후 김포공항은 처음이다. 그사이에 김포공항이 바뀐 건 없는데도 사람의 눈은 간사해서 훌륭한 인천공항만 보다가 김포공항에 발을 디뎠더니 무척 작아 보인다. 시골 간이 공항 같은 느낌이다. 사람의 마음이라는 게 조금만 호강하고 나면 금세 아니꺼워진다.

김포공항은 새벽부터 붐볐다.
코로나 팬데믹으로 갇혀 살던 젊은이들이 한꺼번에 쏟아져 나온 것 같다. 이 많은 사람이 모두 젊은이들이다. 98%가 2030이다. 한국 사람들 나이가 젊어졌다더니 4050이 2030으로 보이는 건가? 2030들이다 보니 아이도 없이 단출하다. 일본여행을 떠나는 이유는 33년 만에 처음 맞이하는 엔저를 꼽지 않을 수 없다. 엔이 빠져도 너무 많이 빠졌다. 엔저에 킹 달러란 말이 맞는 것 같다.

엔저로 일본인들은 해외여행이 부담스럽다 보니 국내여행으로 돌아섰다. 거기에다가 외국인들까지 몰리는 바람에 일본의 호텔들은 빈 방이 없다. 이럴 때 크루즈로 일본을 관광한다는 것은 1석 2조나 마찬가지다. 내가 일본 열도 한 바퀴 도는 크루즈 여행을 예약한 이유 중의 하나이기도 하다.

그 옛날 김포공항에서 샌프란시스코 가는 노스웨스트 에어라인에 탑승하던 생각이 떠오른다. 친지들이 모두 공항 송영대에서 손을 흔들어 주던 정겨운 풍경. 어쩌면 살아생전 마지막 모습일지도 모른다는 심정으로 흔들던 하얀 손수건. 나의 20대는 오로지 가난뿐이었다.

그렇다고 지금의 젊은이들이 부러운 건 아니다.

내가 겪어봐서 아는 건데 20대란 모든 게 자신만만해서 별이라도 딸 것 같은 자신감에 차 있었다. 내가 백마 탄 왕자인 줄 알았다. 30대로 접어들면서 전쟁터 같은 현장에서 일분일초를 다투며 고민하고 고생하던 일들, 구름에 가려진 별은 보이지 않고 초조와 답답하던 기억이다. 변화무쌍한 앞날이 두렵고 걱정과 스트레스는 얼마나 심했던가? 그때는 왜 지금처럼 행복이 성공보다 소중하다는 걸 깨닫지 못했을까? 내게 다시 젊어지겠느냐고 묻는다면 단연코 "No"이다. 마음 편한 지금이 얼마나 좋은데.

세월이 좋아지긴 좋아졌다.

크루즈 선을 타기 위해 김포공항에서 일본 하네다 공항으로 가는 아시아나 항공을 기다렸다. 김포공항 로비 뒷자리, 옆자리에서 들려오는 소리로 짐작하건대 젊은이들은 친구들끼리 떠나는 모양이다. 일본 엔의 가치가 지금처럼 낮은 때가 없었다더니, 일본으로 여행 떠나는 젊은이들이 난리법석이다. 요코하마행 비행기는 만석이라고 했다.

　세계보건기구(WHO)의 코로나 비상사태 해제 이후 첫 여름 휴가철을 맞은 데다가 역대급 엔저(低)에 일본으로 향하는 관광객이 물결을 이룬다. 그동안 여행 떠나고 싶어서 코로나 팬데믹 기간 3년을 어떻게 견뎌냈을까?
　장맛비가 내리는 김포공항의 아침과는 달리 하네다 공항은 쾌청하고 무덥다. 크루즈가 오후 5시에 출항이니까 시간적 여유는 충분했다. 하네다 공항도 많이 변했다. 발전했다.
　공항 로비에 Meeting Servioce(리셉션 서비스) 데스크에 프린세스 전담반이 나와 있다. 프린세스 크루즈를 안내하는 여자 분에게 선박 예약 캐빈 번호를 주면 안내원이 캐빈 번호와 이름이 적힌 태그를 가방에 붙여놓는다. 가방을 크루즈 내 방 문 앞까지 갖다놓을 것이다. 조금 기다리면 프린세스 전용 버스가 올 것이라고 했다. 공항 터미널에서 항만 크루즈 터미널까지 타고 가는 버스 요금은 1인당 44달러였다.

　하네다 공항과 요코하마 항을 운행하는 프린세스 전용 버스에는 우리 부부를 합쳐서 7명이 탔다. 백인 할머니 2분과 노인 부부 그리고 50대 싱글 여자가 전부다. 모두 프린세스 크루즈를 타러 가는 사람들이다. 어디에서 왔느냐고 물어보았다. 호주에서 왔단다. 우리는 한국에서 왔다고 했다.

"한국인들도 크루즈 여행을 즐기는가?" 하고 묻는다.

"당연하다."라고 자랑삼아 말해 주었다. 그리고 덧붙여 말해 주었다.

"아시아 크루즈는 흔해 빠진 미국 마이아미 출발 크루즈와는 전혀 다른 경험일 거예요."

요코하마 크루즈 터미널은 규모가 크고 넓었으며 사람도 많다. 우리는 공항에서 짐을 붙이고 프린세스 전용 버스를 타고 왔기에 쉽고 간단하게 항만 터미널 로비에 들어설 수 있었다. 개별적으로 일반 버스나 택시를 타고 온 사람들은 터미널 입구에서 짐을 끌고 접수창구로 가는 게 힘들어 보였다.

우리는 28번 번호를 받아들고 항만 로비에서 한 시간도 넘게 기다렸다. 기다리는 승객들은 일본인도 있지만, 대부분이 백인들이었다. 일찍이 일본 육지 관광을 하고 크루즈에 승선하는 관광객들도 있었다.

프린세스 다이아몬드는 '바다의 여신(Sea Goddess)'이라는 트레이드 마크를 가지고 있는 길이가 290m, 높이가 62.5m, 폭이 37.5m나 되는 대형 호화선이다. 객실이 1,353개나 되는 호텔급 선박이다. 프린세스 다이아몬드는 지난 10년간 일본 요코하마를 모항(Home Port)으로 하는 유일한 외국 호화선이며, 등록은 영국으로 되어있다.

　이번 여행은 프린세스를 타고 요코하마를 출항해서 일본 열도를 한 바퀴 돌아서 한국 부산항에 들렀다가 요코하마 항으로 돌아오는 여행이다.

　내가 직접 경험해 보기로는 프린세스 크루즈가 샌프란시스코를 홈포트로 하고 샌프란시스코~하와이를 운항하는 프린세스 사파이어(Sapphire Princess)가 있고, 샌프란시스코~파나마 운하를 운항하는 프린세스 코랄(Coral Princess)이 있는가 하면 밴쿠버를 기항으로 알래스카를 운항하는 프린세스 로얄(Royal Princess)도 있다. 오후에 들어서면서 승선이 허용됐다. 승선은 호명에 따라서 들어갔기에 혼잡은 없었다.

프린세스 다이아몬드에 승선하기 전에 간단한 수속을 마치고 오시안 메달리온(Ocean Medallion)이라는 오백 원짜리 동전보다 조금 큰 메달이 달린 목걸이를 목에 걸어주었다. 메달리온은 앞면에 내 이름과 2023년 7월 10일 승선일이 적혀있고, 뒷면에는 프린세스 일본 취항 10주년 기념이라는 문구가 적혀있다.

크루즈 여행은 나날이 발전해서 해마다 새로운 기술이 도입된다. 불과 수년 전에 프린세스 코랄로 파나마 운하를 건널 때만 해도 주민등록증 같은 승선증(Boarding Pass)을 교부받아 들고 다녔는데 어느새 메달리온이라는 동전 크기의 메달을 목에 거는 방식으로 발전했다.

메달리온은 객실 열쇠도 되고, 선상에서 사용하는 비자 카드, 배에서 사람을 찾을 때에 곳곳에 비치되어 있는 선박 모형도에 메달리온을 대면 찾고자 하는 사람의 위치를 알아낼 수 있는 위치 추적기도 된다. 선상에서 히뚜루마뚜루 사용이 가능하다. 휴대폰에 새로운 시스템 메달리온 앱을 심으면 메달리온 소지자의 위치를 알려주기 때문에 아무 데서나 음료수, 음식 등 필요한 용건을 입력하면 배달이 가능하다. 예를 들어 수영장에서 선탠하다가 휴대폰으로 음료수나 음식을 주문하면 주문자의 위치를 알아서 배달이 온다.

메달리온을 목에 걸고 갱웨이를 걸어서 승선하면 사진사가 길목에서 기다리고 있다. 아름다운 그림을 배경으로 호화선 승선을 기념하는 사진을 찍는다. 사진은 다음 날 7층 사진관 복도에 전시되는데 내 사진을 찾아보고 마음에 들면 찾고, 마음에 안 들면 포기해도 그만이다. 사진을 찾으면 당연히 적으나마 메달리온으로 결재해야 한다.

5성급 프린세스는 넓어서 한적하고 여유로운 데다가 고급스럽기까지 하다. 승무원들도 덩달아서 친절하고 여유롭다. 크루즈 선박이 크고 작고가 여행의 질을 좌우하는 것은 아니지만 대형 선박일수록 선상에 보다 많은 시설과 프로그램을 갖추고 있어서 자연스럽게 볼거리, 놀거리, 먹을거리가 많은 것도 사실이다. 또한 대형 선박은 활동성 있는 여행을 즐기게끔 농구장, 미니 골프장, 암벽타기, 체력 단련장 등 프로그램을 짜서 운영한다.

예를 들면 가족 단위로 승선한 어린이들이 즐기게끔 'Camp Discovery' 공간이 있어서 놀이시설을 갖추었나 하면 아이들이 좋아하는 물놀이라든가 3개나 되는 수영장을 운용하기도 한다. 물론 노인들이 좋아하는 사우나 빙고 게임도 갖추고 있다. 반면에 이런 시끌벅적한 액티비티를 좋아하지 않고 조용히 지내고 싶다면 발코니가 딸린 스테이터 룸에서 글쓰기라든가 음악을 감상해도 될 것이다.

(B) 승선해서 제일 먼저 해야 할 일

객실 문 앞 벽에 전자 도어벨이 있는데 메달리온을 대면 도어 손잡이에 파란불이 켜진다. 문을 열어도 된다는 의미다. 객실에 들어서면 먼저 무엇이 있는지 살펴보게 된다.

누구나 인정하다시피 인터넷 세상은 변화가 빠르다. 무엇이든지 빠르게 진행되고 발전한다. 당연히 여행도 발전한다. 크루즈 여행 역시 어제 다르고 내일 다르다.

5년 전에 크루즈 여행 갔을 때와 지금 가 보면 달리 변한 점이 여실히 드러난다. 일 예로 승선 시 안전교육만 보아도 얼마나 변했는지 알 수 있다. 1986년 처음 크루즈를 탔을 때는 안전 규정이란 자체가 없었다. 객실에 구명자켓이 있다는 사실 하나만으로 마음이 놓였다. 그 후에 안전교육을 강화하면서 크루즈 선이 출항하기 직전에 탑승객 전원이 비상시 대피 예행연습을 하기도 했다.

스피커에서 비상상황을 알리면 승객 모두 구명자켓을 입고 몇 호실부터 몇 호실 승객은 어디로 나가라는 지시에 따라서 객실 밖으로 나와 선상에서 대기했다.

그러던 것이 2016년에는 200~300명씩 그룹을 지어 극장에 모여 놓고 시범을 보여주는 식으로 변했다. 하지만 2023년에 들어와서는 각자 셀폰에 행동수칙을 넣어주면서 숙지해 달라고 부탁한다. 읽어봤는지 안 읽어봤는지 감독관이 다 알고 있다.

객실에 비치된 물건 중 빠진 물건은 없는지 점검해 볼 일이다.

① 구명조끼

구명조끼가 작동하는지 입고 시험해 보는 게 좋다. 구명조끼를 입고 조끼에 물을 적시면 경고등이 번쩍인다. 밤에 바다 위에 떠 있을 때 눈에 띄도록 설계된 구명조끼이다.

② 금고

화장실 옆의 옷장 문을 열면 작은 금고가 있다. 금고에다가 귀중품은 물론 여권도 넣고 금고 문을 닫고 비밀번호를 암기해 두어야 한다. 일단 메달리온을 목에 걸었으니 여권이나 카드, 현금 같은 귀중품을 들고 다닐 이유가 없다. 선상에서는 메달리온이면 다 통한다. 기항지에서 하선이나 승선 시에도 여권 없이 메달리온으로 통과한다.

③ 식수

크루즈에서는 엄청 많은 물 소비가 일어난다. 식수도 그렇지만 샤워나 변기 사용 혹은 세면대 수도꼭지에서 나오는 물은 수천 명이 사용하기 때문에 가늠하기 어려울 정도로 많다. 크루즈에서는 바닷물을 민수로 정화하는 시설이 갖춰져 있어서 허드렛물은 바닷물을 정화해서 사용한다. 식수만 육지에서 공급받는다. 여행자는 세면대 수도꼭지에서 나오는 물을 마시지 말아주기 바란다.

　방에 비치되어 있는 녹차를 끓이고 싶다거나 맹물이 마시고 싶다면 룸서비스에 전화하면 부담 없이 무료로 배달해 준다. 구태여 생돈 써가면서 생수를 마실 이유가 없다. 생수는 작은 플라스틱 병 한 병에 $1.30이다.

　다음으로 어떤 시설이 어디에 있는지 알아보기 위해 선상을 돌아다녀 볼 일이다. 5층 중앙에는 그랜드 프라자(The Grand Plaza)라고 해서 5~7층을 터서 한 공간으로 만든 메인 홀이 있다. 그랜드 프라자는 중심지 로타리 같은 역할을 한다. 음악 연주가 있는가 하면 DJ가 있어서 항시 음악을 틀어준다.

　안내 데스크에 갔더니 안내원으로 일하는 여자가 한국인이다. 한국인이어서 특별히 잘해주는 것 같았다. 한국인 직원이 7~8명 된다고 한다. 휴대폰에 크루즈 앱도 깔아주고 인터넷이며 와이파이도 연결해 주었다. 명함을 받아보았더니 샌프란시스코 지역 산타클라라에서 사는 교포다. 우리 집과 가까운 거리에서 사는 젊은이여서 친밀감이 저절로 솟았다.

　메달리온이 등장하기 전에는 메달리온 대신 플라스틱 카드(Boarding Pass)를 발급받았다. 플라스틱 카드는 신상 증명이나 신

용 카드 작용만 했지 메달리온처럼 전자 위치 추적장치는 없다. 거대한 항공모함에 승선 인원이 수천 명이나 되다 보니 가끔 실종사고가 발생한다고 했다.

수년 전 파나마 운하 크루즈 여행을 할 때다. 한번은 크루즈 캐빈에서 자고 있는데 새벽 4시에 "여자 한 명이 실종되었다"는 방송이 흘러나왔다. 브랜디라고 하는 여자의 위치를 아는 사람은 즉시 연락해 달라는 방송이었다. 새벽 5시가 되었는데 다시 똑같은 방송을 했다. 나중에 알고 봤더니 밤새도록 나가서 돌아오지 않는 아내를 새벽 5시 30분에 찾았다고 들었다. 대형 크루즈 선상에서는 이런 실종사고가 종종 일어나곤 했다. 오죽하면 메달리온이라는 목걸이를 발명해 냈겠는가?

지금처럼 발전된 메달리온이 있었다면 일어나지 않았을 사건이다. 메달리온을 목에 걸고 다니면 위치 추적이 되기 때문이다. 이건 여담이지만 내가 크루즈를 처음 탈 때가 1986년이었다. 미국 마이애미에서 출발하는 카니발 크루즈였는데 50,000톤급 유람선이었다. 그때는 지금처럼 발달하지 못해서 50,000톤급 유람선을 보고 엄청 크다고 생각했었다.

유람선에서 일하는 승무원은 대부분 한국인이었다. 한국인들은 주로 방 청소라든가 식당에서 써빙하는 일들을 했었다. 연중 9개월을 배에서 일하고 3개월은 휴가라고 했다. 가족과 너무 오래 떨어져 있어서 더는 선상근무를 하고 싶지 않다고 했다.

시간이 흘러 2023년에는 한국인 승무원이 많지도 않지만, 한국인은 주로 직원으로 일하고, 옛날 한국인이 하던 노동은 필리핀이나 인도네시아 등 개발도상국 사람들에게 넘어갔다.

⑪ 크루즈 첫날 출항 오후 5시 반

프린세스 다이아몬드 크루즈가 천천히 움직이면서 중저음 트럼본 소리 같은 뱃고동을 길게 불었다. 그것도 여러 번⋯⋯.

거대한 선체를 서서히 밀어냈지만 움직이는지, 안 움직이는지 가늠이 되지 않았다. 프린세스 크루즈 14~15층 사이에 야외 수영장 Neptune's Reef & Pool이 스파(자구찌)와 붙어있다. 수영장을 둘러싼 광장에서 승선 환영 파티가 열렸다. 영화 대형 스크린이 있는 15층에서 밴드가 신나는 음악을 연주했다.

댄싱 파티를 주도하는 젊은 승무원들이 수영장을 중심으로 흩어져서 음악에 맞춰 춤을 춘다. 춤을 리드하는 젊은이가 30여 명은 되고도 남았다. 승객들도 저절로 흥이 나서 따라서 춤추는 사람들이 점점 늘어난다.

듣기만 해도 신나는 리듬은 춤을 추지 않아도 마음이 요동쳤다. 출항을 앞둔 들뜬 기분에 기름을 붓는 격이다. 수영장에서 수영하는 사람들, 스파에서 몸을 녹이는 사람들, 15층에서 연주하는 밴드를 보기도 하고, 수영장과 주변에서 댄싱하는 젊은이들의 발랄한 춤동작을 감상하기도 한다. 승선 환영 춤 파티는 요코하마 부두를 출항해서 항구를 벗어날 때까지 이어졌다.

유람선에서 항구를 바라보면 출항하는 배를 보고 손을 흔드는 환송객이 눈에 띈다. 낭만적인 장면이기도 하지만 배는 이별을 의

미하기에 마음이 울컥하기도 한다. 배가 항구를 빠져나와 대양으로 나간다. 처음 크루즈를 타는 사람은 지금 유람선을 타고 있는 게 맞나 하는 생각이 들기도 하고, 꿈만 같기도 하다.

15층 데크에서 바다를 바라보면 육지에 있을 때하고는 뇌의 기능이 전혀 다르게 작동한다. 육지에서 생활할 때는 먹고살 일, 돈 벌어야 할 일, 친구 만나서 이야기할 것 이런 잡다한 일들이 머리에 꽉 차 있어서 실제로 내 마음은 어디로 가고 머리만 작동했다. 하지만 배에서 바다를 바라보면 뇌의 기능은 사라지고 마음의 감성만 넘쳐난다. 자연이 멋지다는 생각뿐이다. 바닷바람에 머리카락이 날리면 귀찮다기보다는 간지럽다는 생각이 든다. 근심 걱정이 없는 세상은 바로 이런 것이구나. 배가 출출하면 맛있는 먹거리가 산더미처럼 쌓여있으니 먹거리 걱정도 없고, 잠자리 걱정도 없다.

프린세스 7층 양편에는 비상용 구명보트가 줄지어 매달려 있다. 구명보트라고 해서 그냥 매달아 두는 게 아니라 3개월에 한 번씩 구명보트를 바다에 내려놓고 실제로 시동을 걸고 달려보는 테스트를 거친 구명보트다.

코로나19 이후 막 시작하는 출항이어서 노인은 별로 없고 젊은이들로 북적였다. 일본 열도를 한 바퀴 도는 여행이라서 일본인보다 영어권 여행객이 거의 다라고 해도 과언이 아니다.

밤무대 직원에게서 들은 이야기이다.

52개 국인이 승선했는데 미국인이 제일 많아 1,153명이고, 두 번째가 일본인 452명, 세 번째가 캐나다 383명, 오스트리아 276명, 5위가 영국 150명 순이다. 한국인도 여럿 있다고 들었다.

예전에는 일본인이 60%를 차지했고, 미국인과 캐나다, 호주인의 순이었는데 코로나 팬데믹으로 3년을 운행하지 못하고 있다가 다시 시작했던 판도가 미국에서부터 서서히 풀린다는 것을 알 수 있다. 보통 10일 이상 긴 크루즈 여행은 은퇴한 노인들이 많고, 5박 이하 짧은 여행은 베이비 부머 세대, 2박 3일로 더 짧은 여행은 젊은이들과 대가족이 함께 한다는 여행 집계가 있다.

세계 각처에서 몰려든 승객들은 맛있는 음식만 골라 먹듯이 재밌거리만 찾아 모아서 즐겨보자는 심산 같아 보였다.

> **꿀팁**
>
> 여행은 아는 만큼 보인다고 했으니 즐기는 것도 아는 만큼 즐길 것이다.

한국인이나 일본인들은 미국이나 서구인들에 비교해서 늘 복장에 신경을 많이 쓴다. 선상에서의 복장은 대부분 낮에는 캐주얼이 일반적이다. 캐주얼이라고 해도 일본이나 한국인들은 보수적이어서 긴 바지를 선호하고, 여성은 스커트를 입기도 한다. 그런가 하면 미국이나 호주인들은 반바지에 티셔츠를 입는다.

밤에는 스마트 캐주얼로, 여성들은 스커트나 블라우스가 달린 짙은 바지를 입고, 남성들은 칼라 셔츠를 입는다. 테이블 서비스를 제공하는 레스토랑에서는 반바지, 수영장 복장, 볼모자, 캐주얼 청바지(프레이잉 또는 구멍이 있는)가 허용되지 않는다. 뷔페 레스토랑에서는 캐주얼한 옷도 무방하다. 심지어 반바지나 청바지도 허용된다.

항해 중에 정장을 입는 날이 있어서 정장 한 벌은 준비해 가는 게 좋다. 정장으로는 여자는 드레스나 바지 정장이 어울리고, 남자는 정장에 넥타이를 매야 한다. 아니면 멋진 셔츠와 스포츠 재킷이 달린 슬랙스도 좋다. 일본 남성들 중에는 턱시도를 입는 사람도 흔히 볼 수 있다.

그렇다고 반드시 정장을 입어야만 만찬 다이닝 룸에 입장시키는 것만도 아니다. 때로는 정장이 아닌 그냥 깨끗한 복장으로 입장하는 고객도 있다.

저녁 디너는 6층에 있는 '패시픽 문 쿠신(Pacific Moon Dining Room)'에서 즐겼다. 저녁 식사 시간은 오후 5~7시, 7~9시 두 번 있다. 예약은 필수다. 저녁 식사는 여행에 포함되어 있지만, 와인이나 음료수는 별도로 요금을 부과한다.

매일 저녁 만찬은 크루즈 여행의 하루를 마무리하는 꽃이다. 디너는 레스토랑에서 서빙 받으며 새로운 음식을 즐기기 바란다. 주방장이 노련해서 음식 하나만큼은 5성급 호텔 레스토랑에 뒤지지 않는다.

로스트 비프 메인 디쉬

버터를 바른 야채 위에 꼬냑과 후추를 가미한 안심 소고기 구이와 파르메산 감자 베그넷이다.

해산물 가리비 철판구이 메인 디쉬

표고버섯을 곁들인 볶은 가리비, 새우와 찜한 당근, 피망, 붉은 양파이다.

꿀팁 크루즈 여행의 백미

크루즈 선상에서 고급 디너 레스토랑에 자주 드나들다 보니 왜 행복한가를 알게 되었다. 살면서 정장으로 차려입고 고급 양식 레스토랑에 드나드는 일은 그리 흔치 않다. 설혹 어떤 계기가 돼서 차려입고 부인과 함께 찾아갔다손 치더라도 새롭고 처음 듣는 음식이 사람을 주눅 들게 하는가 하면 높은 음식 가격이 두 번 사람을 기죽게 만든다. 음식을 주문하면서 이것 저것 재보지 않을 수 없다. 주머니 사정도 감안하면서 억지로 주문은 했지만 먹는 내내 마음이 편하거나 즐겁지 않다.

하지만 크루즈 선상에서는 다르다.

매일 저녁 고급 레스토랑에서 처음 대하는 음식 이름과 생소한 재료에 어떤 음식이 나올까 하는 기대와 환희가 교차하는 기다림이 행복하다.

왜 행복한가?

첫째는 요리사가 얼마나 맛있게 만들었기에 오늘 저녁의 스페셜이라고 했을까 하는 기대와 바람이 나를 행복하게 한다.

두 번째는 전혀 주머니 사정을 염두에 둘 필요가 없다는 사실이다. 어느 재벌이 나처럼 돈 걱정 없이 먹고 싶은 음식을 마음대로 주문할 수 있을까? 참으로 통쾌하고 행복하다.

레스토랑에서의 디너 예약은 크루즈 여행을 예약할 때 10일치 저녁 디너 예약도 동시에 한다. 우리가 5시 디너를 예약한 까닭은 저녁 식사를 마치고 곧이어서 열리는 쇼를 관람하기 위해서다. 매일 저녁 쇼 역시 7시 15분에 시작하는 쇼가 있고, 9시 15분에 시작하는 쇼가 있다. 5시에 디너를 먹고 곧바로 극장으로 향했다.

'Born to be Wild'

뉴욕 브로드웨이 쇼는 밤 7시 15분에 프린세스 극장에서 시작했다. 1960년대 서부의 젊은 광란을 뮤지컬한 1시간짜리 쇼였다.

> **꿀팁**
>
> 크루즈 선에 올라오는 공연들의 질은 어떤 것이며, 어떻게 이루어지는지 알아보자.
>
> 역사적으로 볼 때 크루즈 라인들은 공연에 중점을 두지 못하고 행선지로 가는 데만 집중했다. 하지만 지금은 바뀌었다. 라스베가스와 런던, 그리고 브로드웨이로부터 많은 공연자들이 크루즈 공연에 합류하고 있다. 뮤지컬 사가로 뉴욕대 겸임교수인 존 켄릭은 베가스와 애틀랜틱시티 같은 곳에서 공연을 즐기던 사람들이 크루즈에

승선한다. 크루즈 관객들이 더 수준 높은 공연을 요구하면서 크루즈 공연의 진화는 필연적이었다고 말했다.

댄서들은 크롭 탑 차림으로 노스 마이애미 건물 홀에 모여들었다. 한 댄서는 가랑이 찢기로 스트레치를 했다. 이곳에는 14개의 댄스 스튜디오와 15개의 리허설 룸, 레코딩 스튜디오 하나, 체육관, 강당 등이 들어서 있다. 일부 홀에는 운동기구들이 줄지어 놓여있다. 부근에는 470명의 공연자들이 묵을 수 있는 숙박시설이 있다.

전 세계 모든 크루즈 선상 공연은 약 13만 3,300평방피트에 달하는 이 건물 안에서 리허설이 이뤄진다. 홀들은 음악 소리로 넘쳐난다. 한 방에서는 블랙 탑 모자를 쓴 댄서들이 '올 댓 재즈' 안무를 연습한다. 건너편 홀에서는 6명의 가수가 '원스 어폰 어 타임'의 곡을 연습 중이다. 바로 옆 레코딩 스튜디오 벽은 어드벤처 무비 주제곡처럼 들리는 소리로 울린다. 엄청나게 넓은 의상 제작 공간은 반짝거리는 의상을 만드는 재봉사들의 재봉틀 밟는 소리와 다림질 소리로 뒤섞여 있다. 수석 재봉사는 무도회 의상을 만드느라 여념이 없다. 크루즈 라인은 의상을 자체 제작한다.

모든 크루즈 위의 공연자들은 한 개의 쇼만 하는 게 아니다. 보통 3개의 쇼를 동시에 한다. '헤어스프레이'나 '그리즈' 같은 브로드웨이 뮤지컬 하나와 볼룸 스타일 쇼, 그리고 팝 쇼이다. 쇼들은 신나고 가족적인 내용이어야 한다. 폭넓은 관객들에게 어필해야 하는 만큼 선정적이거나 너무 지적인 내용은 안 된다. 이렇게 숙달된 연기자들은 각기 예약된 크루즈 선에 승선한다. 오늘 저녁 우리가 본 'Born to be wild' 브로드웨이 쇼도 바로 이런 쇼 중의 하나이다.

쇼가 끝나면 사람들은 그랜드 프라자 홀에서 어디로 갈 것인지 정한다. 프라자 메인 홀에서는 밤 10시가 넘도록 생음악을 연주하고 승객들은 제각기 갈 곳을 찾아간다. 쇼핑, 카지노, 술집, 댄싱 여러 곳으로 흩어져 밤 문화를 즐긴다. 윌하우스 바에서는 피아니스트 아리나 드라가노바의 연주가 이어지고, 크루너스 바에서는 피아노와 보컬그룹의 협연이 있다. 엑스포롤러 라운지에서는 '스트라이크 아웃'이라는 게임 쇼가 벌어진다.

하지만 우리는 곧바로 객실로 돌아왔다.

객실 문을 열고 들어서면 룸메이가 침대를 깨끗이 정돈해 놓았고, 테이블이며 녹차 끓일 준비도 해 놓았다. 테이블에는 내일의 일정표가 빼곡이 적힌 'Princess Event Listings'가 놓여있다. 아내는 일정표를 보고 다음 날 일정을 살핀다.

12 크루즈 여행을 즐기기에 딱 어울리는 사람들

코로나 팬데믹으로 여행에 굶주렸던 사람들이 한꺼번에 여행길에 나섰다더니, 아닌 게 아니라 요코하마 항을 떠나 일본 열도를 한 바퀴 돌아오는 9박 10일간의 일정인 '프린세스 다이아몬드' 크루즈선의 승객도 예상보다 많았다.

승객 중에는 신혼여행으로 크루즈를 선택한 커플도 있었다.

(1) 신혼부부

신혼여행과 크루즈 여행은 찰떡궁합이다. 신혼여행은 두 사람이 붙어 다니는 시간이다. 떨어지면 큰일이라도 나는 것처럼 껌딱지처럼 붙어 다닌다. 호화선에서는 헤어지라고 해도 헤어질 수 없는 환경이다.

크루즈에 승선하면 두 사람의 객실이 기다리고 있다. 특별한 사고가 나지 않는 한 하선할 때까지 크루즈에서 나올 수 없다. '답답

하면 어떡하지?' 걱정할 필요가 없다. 크루즈 안에는 고급 레스토랑, 카페, 운동 센터, 수영장, 뮤지컬 쇼, 음악회, 갤러리, 요가 클라스 등 모든 것이 존재한다. 작은 도시 같다. 도시보다 더 좋은 점도 있다. 승객이 범죄자로 돌변하지 않는 한, 외부 범죄자가 들어오지 않는다는 것이다. 신혼부부에게 주변 사람들로부터 해방되어 고립이 주는 소중함을 겪는다는 게 얼마나 행복한 일인가?

신혼이라고 해서 꼭 초혼만 생각할 이유는 없다. 재혼한 중년이나 노년에게는 더욱 어울린다. 서로를 이해하기에 좋은 기회이고 환경이다.

(2) 중년이나 노년의 동창 모임

중년이나 노년의 동창 모임을 크루즈에서 하면 안성맞춤이다. 동창이란 근본을 아는 친구들이어서 스스럼없이 터놓고 지내는 편한 친구다. 친구들끼리 또는 동반 부부들이 함께 크루즈 여행을 떠날 때는 간단한 프로그램을 짜놓으면 더욱 재미있다.

예를 들면 어느 장소를 정해놓고 매번 만날 때마다 간단한 여행 브리핑을 나눈 다음 하루에 한 사람씩 '어떻게 사랑을 만났으며 어떻게 사랑하는지' 발표회를 갖기로 한다면, 아니면 질의응답 또는 청문회를 갖는다면, 웃고 즐기자는 의미임으로 진지할 이유가 없다. 설혹 잘 아는 친지의 사랑 이야기를 에둘러서 한다면 흥미로울 것이다. 크루즈 직원에게 부탁하면 작은 프라이빗 룸 정도는 내준다. 옛 스승을 모시고 가는 여행도 많이 보았다.

(3) 회사의 크루즈 여행 보상

회사에서 우수 세일즈 맨에게 크루즈 여행 보상을 걸어놓으면 직원들은 더욱 열심히 일할 것이다. 크루즈 여행에 선정된 우수 세일즈맨들은 크루즈 선상에서 하루에 한 시간씩 어떻게 하면 우수한 세일즈맨이 될 수 있는가 하는 세미나를 연다. 세미나에 참석한 직원은 배우는 게 많을 것이고, 회사는 회사대로 발전할 수 있는 아이디어를 얻게 된다.

여행 경비는 직원들 복지를 위한 경비로 세금 공제를 받거나 아니면 보상받는 직원에게 지급한 보너스로 처리해도 된다. 회사는 꿩 먹고 알 먹는 셈이 된다.

(4) 단합대회

어느 단체든 단합대회를 크루즈에서 열면 두세 곱의 효과를 얻는다. 선상 모임에서 세미나나 강연을 통해서 단합을 강조하겠지만 모이지 않아도 한 배에 타고 있다는 자체만으로도 이미 단합한 게 된다. 여러 날 같이 숙박했다는 것은 후일 단체 생활에서 자산이 된다.

(5) 노인들

미국에서는 크루즈 여행을 떠나는 노인들이 많다. 젊어서는 얼마든지 운전하면서 여행해도 피로하지 않지만, 노인이 되면 운전도 하기 어렵다. 그때 등장하는 여행 상품이 크루즈 여행이다. 편안히 누워서 여행할 수 있어서 노인에게 딱 맞는 여행이 크루즈다. 이심전심이라고 크루즈에 승선해 보면 노인들이 많다. 노인이 많으니 노인들끼리 만나는 기회도 많고 만나면 쉽게 동조한다. 노인이라고 해서 싱글로 살라는 법이 있나? 파트너를 만날 기회도 열려있다. 노인 단체에서 여행을 주선하면 자연스럽게 남녀 노인이 어울리게 된다.

여담이지만 얼마 전에 크루즈 여행을 하던 중에 일어난 일이다. 카페가 열기도 전인 새벽이어서 사람은 없었다. 아내는 일어나기 싫다고 해서 나 혼자 일찌감치 카페 창가 테이블에 앉아서 바다를 내다보며 커피를 마시고 있었다. 어떤 백인 할머니가 커피잔을 들고 내게로 다가왔다. 빈 카페에 사람은 나밖에 없었으니 그랬을 것이다. 앉아도 되느냐고 묻기에 "되고 말고요" 했다.

할머니는 리버모에서 왔다는 이야기로부터 시작해서 할머니들 여러 명이 같이 왔다는 이야기이며, 모두 싱글 할머니들이라는 둥, 혼자 산 지 10년이 됐다는 이야기까지, 이런저런 이야기를 나눴다. 손자에게 선물 줄 시계를 골라달라는 부탁도 받았다. 나중에 알게 된 사실이지만 파트너를 찾는 할머니들의 모임이었다. 선상 프로그램 중에는 싱글들을 위한 만남을 주선하는 클래스도 열린다.

(6) 문학 캠프

문학 단체에서 교수님을 모시고 크루즈 여행을 겸한 문학 캠프를 본 일이 있다. 미국 LA를 출발해서 멕시코에 다녀오는 3박 4일의 크루즈 여행이었다. 20~30명은 되지 싶은 그룹이 매일 오전이면 한자리에 모여 세미나인지 강연을 듣고 난 다음 각자 즐기는 광경을 보았다. 식당이나 레스토랑에서 서로 교수님 곁에 앉으려고 하는 모습이 아름다웠다.

(7) 여행사에서 주선하는 여행에 합류

개별적으로 크루즈 여행을 하려면 여행사에서 주선하는 여행에 합류하는 게 좋다. 아무래도 여행에 관해서 잘 알고 있는 여행사는 경험에 의거해서 크루즈 여행 상품을 개발한다. 여러 사람이 함께 모여서 가게 되면 외국인만 북적이는 크루즈에서 안심도 되고 재미도 있다. 서로 정보를 공유하기에 실수도 적고 찾아 먹고 찾아 보는 것도 많다.

몇 백 명 또는 몇 십 명이 모이는 모임이라면 당연히 크루즈에 부탁해서 어느 날 몇 시에 모임을 갖겠다고 예약하면 인원에 맞는 클럽이나 룸을 빌릴 수 있다. 십여 명 정도의 작은 모임도 예약하고 장소를 빌릴 수 있다. 멤버들만의 오붓한 모임이 될 것이다.

13

둘째 날 온종일 항해

새벽 일찌감치 해가 솟는다.

여름 해는 어느 계절 해보다 부지런하다. 아침 일찍 일어나는 새가 먹이도 많이 먹는다고 여행 중에는 잠자는 시간을 줄이는 게 득이다. 아내는 아침은 안 먹겠다고 해서 혼자서 인터네이셔널 레스토랑에 갔다. 손님은 별로 없었고 혼자 테이블을 차지한 사람은 나뿐이었다. 창밖에는 아침 해가 떠오르고 있었다. 인터네이셔널 다이닝 룸에서는 아침과 점심만 제공한다.

계란 두 개를 오버이지로 주문하고 베이컨과 토스트를 곁들였다. 웨이추레스는 커다란 와인잔에 얼음물을 담아준다. 얼마 지나지 않아 실내 공기와 얼음물의 온도 차이로 땀방울 흐르듯 물방울이 와인잔을 감쌌다. 웨이터가 커피를 따라준다.

처음 크루즈에 승선한 사람은 아침 식사를 레스토랑에서 즐기길 바란다. 품위와 맛과 멋이 함께하는 분위기를 왜 마다하겠는가? 그것도 공짜인데.

바다 공기는 육지의 공기와 맛이 다르다. 공기에 간을 친 듯 찝 찔한 맛을 곁들였다. 신선한 공기를 마시며 힘차게 걸어서 7층 프 로메네이드 데크(Promenade Deck)를 한 바퀴 돈다. 7층은 유일하게 배의 가장자리를 걸어서 돌아올 수 있게 열린 공간으로 만들어 놓 았다. 부지런히 걸어서 두 바퀴 반을 돌면 1.6km이다. 오전에 7바 퀴를 돌았다. 4km를 걸은 셈이다. 걷다 보면 배의 후미에 담배 피 우는 야외 장소로 지정해 놓은 곳도 있다.

여기서 주의할 점은 승선 후에는 어느 장소를 막론하고 금연으 로 되어있다. 설혹 자신이 투숙하는 객실이라도 금연이다. 유일하 게 담배 피울 수 있는 장소는 7층 배 후미의 외부, 걷기 운동하는 길 목의 한 모퉁이다. 승무원이나 승객들이 서서 담배 피우는 것을 보 았다.

온종일 바다에서 항해하는 날이다. 5층 중앙의 그랜드 프라자 (Grand Plaza)에서는 감미로운 바이올린 선율이 흘러나오고 있었 다. 그랜드 프라자에는 5, 6, 7층을 터놓은 공간으로 양옆에 두 개 의 디자인 유리로 된 엘리베이터가 있다. 5층에는 'Good Spirits at Sea Bar'가 있어서 언제든지 칵테일을 주문해 마실 수 있다. 그랜드 프라자 5, 6, 7층 주변에는 상점들이 있다. 3층 높이의 그랜드 프라 자 아트리움은 많은 활동의 중심지이다. 많은 이벤트가 이곳에서

이루어지는가 하면 재즈, 클래식, 팝송 등 공연이 항시 벌어지는 곳이다.

    9시 반부터 스시 시범과 과일 채소 조각 시범을 보인다고 해서 기다렸다. 아닌 게 아니라 15년 경력의 스시맨이 나와서 스시 칼질하는 시범을 보이는가 하면 수박으로 작품을 조각하는 장면을 보여주었다. 많은 시간이 걸린 것도 아니다. 수박에 아름다운 꽃과 물고기 한 마리가 헤엄쳐 다니는 조각 작품이 완성됐다. 보기에 완벽한 작품이다.

    크루즈 여행을 하면서 방에 틀어박혀 있으면 무언가 손해 보는 느낌이 든다. 일정표를 보면 프로그램이 촘촘하게 짜여있다. 음악 공연이 많고, 게임도 즐기고, 미술 실습시간도 있고, 색종이로 무언가를 만드는 게임도 있고, 역사 이야기며 건강에 관한 강연도 있다.

참여하려면 예약하고 가는 게 원칙이지만 그냥 들려도 된다. 아무 때나 5층 그랜드 프라자에 가면 무언가 재미있는 일이 벌어지고 있다. 편안하게 즐길 수 있는 게 많다.

생각은 자유이니까 나도 자유로이 생각해 본다. 사람들이 돈 벌려고 갖은 노력을 다하는 이유는 편안히 재미있는 인생을 살기 위해서다. 크루즈 여행이 그런 것 중의 하나라는 생각도 해본다. 생각만 하면 무슨 소용이 있나. 망설이지 말고 해 보는 거다. 해 보고 후회하는 것과 해 보지도 않고 후회하는 것은 다르다.

바다가 보이는 14층 호라이즌 콜트 뷔페 창가에 앉아 점심을 먹었다. 아내는 간단하게 커피와 샐러드만 먹었다. 오후로 접어들면 여러 이벤트가 많은데 골라잡기도 어렵다. 몇 가지만 추려서 열거하면 일본 오도리 댄스 클래스가 열리고, '디보듀오'의 연주회가 노천 수영장에서 열린다.

줌바 클래스가 7층 클럽 패션에서 진행되고 기항지 관광에 대한 해설시간도 있다. 골프 칩핑 챌린지가 15층에서 열리는가 하면 5층 사보이 다이닝 룸에서 와인 테이스팅도 열린다. 이런저런 와인을 맛보는 거다.

    5층 그랜드 플라자에서 접시에 담겨있는 콩을 젓가락으로 집어서 선수 컵에 담는 게임이다. 정해진 시간에 누가 많이 집어넣느냐인데 그게 그리 쉬운 게 아니다.

    규모가 큰 극장식 카페 클럽 패션에서 유카타를 입어보는 시간도 있는데 대성황이었다. 유카타는 일본의 기모노 같은 옷인데 주로 여름철에 입는다. 옷에 흥미 있어 하는 사람들은 직접 무대에 나가서 인스트럭터의 안내에 따라서 유카타를 입어보고 사진도 찍는다.

유카타가 여러 벌 준비되어 있어서 여러 사람이 동시에 입어볼 수 있었다. 낯설지만 새로운 옷을 입어보고 만족해하는 것도 행복 중의 하나이다.

그 외에 서플보드 게임이며 탁구 대회도 열렸다. 간단한 일본어 강좌가 있는가 하면 영어 강좌도 있다. 우리가 어려서 놀던 색종이를 오려서 작품을 만드는 놀이 교실도 열렸다. 색종이와 가위, 풀 등을 집어다가 무엇이든 만드는 거다.

내가 만든 작품

잘 만들었다고 전시해 놓은 작품들

리듬과 선율을 잘 배합해서 맞추면 아름다운 음악으로 다가온다. 억울했던 사연을 잘 구성해서 이야기하면 사람들에게 감동을 선사한다. 엑스포롤러 라운지에서 일본 할머니가 영국에서 살면서 겪었던 일들을 이야기해 주는 이야기 강좌시간도 있는데 미국인, 일본인 할 것 없이 흥미 진지하게 듣고 있었다. 내용은 영국에서 일본인이 받았던 차별대우에 관한 이야기를 하고 있었다.

여기저기 찾아다니다 보면 시간 가는 줄 모르게 하루해가 넘어갔다. 아, 참! 카지노에서는 잭팟이 터졌다고 광고해 대는가 하면 빙고 게임에 오라는 선전도 있었다.

수영복으로 갈아입고 14층 리도 옥외 수영장(Neptune's Reef & Pool)에 가 보았다. 수영장 둘레에는 비치 의자들이 줄지어 있다. 비치 의자에는 똘똘 말아놓은 타올이 하나씩 놓여있다. 타올을 비치 의자에 깔고 그 위에 앉으라는 것이다.

수영장 깊이가 대략 2m는 되지 싶다. 한여름인데도 물은 차가웠다. 물에 들어가 슬슬 발장구를 치며 몸을 띄웠다. 그런대로 수영할 기분이다. 이런 수영장이 우리 집 뒷마당에 있었으면 하는 생각을 해 보았다. 물이라면 신이 나서 어쩔 줄 모르는 건 아이들이다. 아이들이 한쪽 모서리에서 지껄여댄다. 슬며시 일어나 수영장에 붙어있는 스파(자구찌)로 옮겨 앉았다.

물이 따뜻해서 몸이 스르르 녹는다. 수영은 하지 않고 스파만 즐기는 게 나는 더 좋다. 자구찌에는 7개의 물구멍이 있어서 물이 샘솟듯 치솟았다. 물 마사지가 되고도 남았다. 따뜻한 물 속에 몸을 담그고 있으니 나오기가 싫다.

수영장 밖에는 똘똘 말린 타올이 얼마든지 쌓여있다.

수영장을 나오면 'Mermaid's Tail Bar'가 있어서 맥주나 칵테일을 마실 수 있으나 유료이다. 대신 'Trident Grill'에서 햄버거는 거저다. 햄버거는 프린세스 크래프트 버거, BLT 버거, Veggie 버거 중에서 선택하게 되어있다.

프랜치 프라이도 있다. 치킨 샌드위치나 바비큐 샌드위치도 있다. 칠리 치즈 핫도그, 클래식 핫도그에 피에스타 타코도 있는데 모든 먹거리는 공짜다. 'Prego Pizzaia'에서 피자도 공짜다.

미국인들이 좋아하는 햄버거나 피자 그릴에는 줄이 길게 늘어서 있다. 나도 줄을 서서 피자 한 피스를 받아들었다. 접시에 받아 든 피자를 들고 테이블에 앉았다. 무엇을 마실까 생각해 보았다. 맥주 한 잔에 8달러다. 코카콜라나 소프트 드링크는 한 잔에 2.50달러, 생수도 2.50달러다. 우리의 크루즈 예약조건에 의하면 술은 돈을 내야 하지만 음료수는 공짜다. 목에 걸고 있는 메달리온을 보여주고 콜라 한 잔을 들고 왔다. 아이스크림 데스크도 있다. 아이스크림은 공짜인데 초코릿과 바닐라 아이스크림이 있다.

일정표에 오늘 저녁은 정장을 입는 날이다. 내 경험에 의하면 한번 입을 정장을 가방에 챙겨온다는 것은 가방 속 자리만 차지했지 그다지 실용적이지 못하다. 정장 상의 대신에 가벼운 폴로 재킷을 가져왔다. 와이셔츠에 넥타이를 매고 재킷을 입었다.

가며 오며 들리는 곳 그랜드 플라자에서 공연이 한창이다. 너남 지기 잘 차려입은 김에 사진이라도 찍겠다는 사람들로 그랜드 플라자는 아름다운 그림을 연출하고 있었다. 아름다운 연출과 음악을 듣다가 디너 먹으러 패시픽 문 레스토랑으로 향했다.

레스토랑에는 깨끗이 차려입은 웨이터들이 공손히 자리로 안내해 준다. 당연히 디너 먹으러 온 손님들도 정장에 멋을 부렸다. 우리 옆 테이블에 앉은 손님은 중년이 훨씬 넘은 일본인 부부였다. 아내는 일본인 부인과 신이 나서 이야기를 나누는데 남편이 미국 지

　정장으로 차려입고 만찬장에 가면서 기념사진을 찍는 사람들로 붐볐다.

점에서 오랜 세월 근무했단다. 미국 영주권도 받았지만, 그까짓 영주권 내팽개치고 일본으로 돌아왔다고 너스레를 떨었다. 내가 그 남편이라는 작자와 대화를 나누지 않았던 이유는 턱시도를 입고 으스대는 모습이 마음에 들지 않아서였다.

오시즈시

애퍼타이즈로 '오시즈시'

연어 타르타르 위에 연어 알을 얹고 아보카도, 토비고에 와사비 소스를 넣은 오시즈시이다.

비프 웰링턴

메인 디쉬로 '비프 웰링턴'

영국 음식으로 잘 익은 스테이크를 햄버거 고기로 감싸고 빵의 속을 파내고 비프 웰링턴을 채워 넣은 고급 디너다. 소금물에 살짝 삶은 시금치와 찐감자 속을 파내고 감자국수 가락을 넣고 두 번 익힌 감자가 나왔다.

후식으로 '초코렛 바닐라와 땅콩이 든 아이스크림'을 먹었다.

저녁에는 프린세스 극장에서 째즈 트리오 밴드와 함께 공연하는 Kym Purling의 피아노 연주를 관람했다. 킴 펄링은 호주가 국적인

유명한 피아니스트다.

    Kym Purling은 베트남 전쟁 때 버려진 고아 출신이다. 사이공 시내에 버려진 채 발견되었을 때 그는 두세 살에 불과했다. 고아원에서 첫 달을 보낸 후, 곧바로 호주의 양부모에게 입양되었다. 처음으로 호주 국적을 취득한 최초의 국제 입양아 중 하나이다.

    Kym Purling은 6세 때 공식 클래식 피아노 교육을 받았다. 그는 사우스 오스트레일리아 애들레이드 최고의 사립학교 중 하나인 웨스트 민스터 학교에서 고등학교 교육을 받았다. 나중에 사우스 오스트레일리아의 애들레이드 대학교에서 재즈 연구 학사 학위를 받았으며 베이시스트 Tim Bowen과 드러머 Ben Riley와 함께 첫 번째 Kym Purling Trio를 결성했다.

    이 트리오는 호주 전역에서 널리 인정받았으며, 호주의 많은 재즈 뮤지션과 보컬리스트의 리듬 섹션으로도 활동했다. 90년대 중반, 그는 첫 번째 앨범인 Trio Juice, Catherine Lambert & The Kym Purling Trio 및 Let's Swing을 녹음했다!

    1996년 Purling은 호주와 베트남 간 공연 예술 대사로 재직했다. Kym Purling은 베트남, 네팔 및 기타 개발 도상국의 고아와 어린이들을 돕는 다양한 인도주의 프로젝트를 지원하기 위해 전 세계적으로 콘서트를 진행한다. 2015년 5월 플로리다 주 상트 페테르부르크에서 네팔 지진 희생자들을 위한 모금 공연을 했다. 1996년 남호주에서 가장 훌륭한 피아니스트로 선정되면서 음악상을 받았다.

온종일 항해로 바다 위에서 생활하는 날이었지만 심심할 시간이 없었다. 잘 정돈된 침대 위에는 내일 일정표가 놓여있다. 내일 아침 7시에 일본 북부 아키타 항에 입항할 것이란다.

14

프린세스 다이아몬드의 모든 것

프린세스 다이아몬드는 프린세스 사파이어(Sapphire Princess)의 자매 크루즈로서 알라스카, 파나마 운하, 호주여행에 운항하는 호화선이다. 태평양을 항해하는 가장 큰 호화선 중 하나인 프린세스 다이아몬드는 일본 요코하마를 모항(Home Port)으로 항해하는 유람선이다. 모든 엔터테인먼트, 선상 생활 및 편의 시설을 제공하는 바다의 도시다.

지난 10년 동안 요코하마를 중심으로 운행하다 보니 어느 크루즈보다 동양 문화를 많이 흡수했고, 터득한 문화를 실현하려고 노력하고 있다. 한 예로 기본적인 일본어 수업 교실 또는 일본인 승객을 위한 영어 공부 교실이 있다.

일본 자원봉사자의 도움을 받아 유카타(여름 스타일의 기모노)를 입어볼 수 있는 시간을 갖기도 하고, 종이접기 수업 클래스도 열린다. 선물 포장, 일본 축제 댄스 수업, 일본 이야기꾼이 들려주는 이야기 시간 및 기타 많은 문화 활동, 많은 수업 활동은 서로 배우고 돕는 중에 일본 승객과 상호 소통할 수 있는 기회를 자연스럽게 만들어 간다.

프린세스의 프로파일을 소개하면

2004년 건조

115,875톤

길이 290m(952ft), 폭 48m(158ft)

스테이터 캐빈 1,000객실, 인테리얼 캐빈 377객실

승객 정원 2,670명, 승무원 1,100명

실내 수영장 1

실외 수영장 3, 플러스 8 스파(자구찌)

레스토랑

인터네이셔널 레스토랑(International Restaurant: 6층, 아침 7.00 am~9.00 am, 저녁 5.00 pm~9.00 pm)

산타 페 쿠신(Santa Fe Dining Room: 6층, 저녁 5.00 pm~9.00 pm)

패시픽 문 쿠신(Pacific Moon Dining Room: 6층, 저녁 5.00 pm~9.00 pm)

홀라이즌 콜트(Horizon Court: 뷔페, 14층, 컨티넨탈 아침 5.30 am ~ 6.00 am, 아침 6.00 am~11.30 am, 점심 11.30 am~3.30 pm, 오후 스낵 3.30 pm~5.00 pm, 저녁 5.30 pm~10.00 pm)

간이 식당은 14층 수영장에 있다.

피자(Prego Pizzeria: 11.00 am~11.00 pm)

햄버거(Trident Grill: 11.00 am~11.00 pm)

아이스크림(Swirls Ice Cream Bar: 11.00 am~10.00 pm)

쥬스 바(Juice Bar: 7.00 am~2.00 pm)

유료 식당

카이 스시(Kai Sushi: 7층, 5.00 pm~9.00 pm)

사바티니스 이탈리안 트랜토리아(Sabatini's Italian Trattotria: 7층, 5.00 pm~9.00 pm)

스털링 스테이크 하우스(Sterling Steakhouse: 14층, 5.30 pm~9.00 pm)

엔터테이먼트

프린세스 극장 - 브로드웨이 스타일 쇼(수용 인원 705명)

그랜드 카지노 - 라스베가스 스타일

윌 하우스 바 - 7층, 뮤직 댄싱: 3.00 pm~late(수용 인원 147명)

엑스프로럴스 라운지 - 7층, 카바레: 수시로 변동(수용 인원 298명)

크럽 휴존 - 7층, 카바레: 수시로 변동(수용 인원 448명)

스카이워커 - 18층, 디스코: 7.00 pm~late 18세+(수용 인원 169명)

프린세스 다이아몬드는 선의의 초밥 식당을 운영하는 유일한 선박이며, 전통적인 일본 목욕 시설(유료)을 갖춘 유일한 선박이다. 뷔페 레스토랑에는 직접 재료를 골라 먹는 라멘바(진정한 일본식 칼국수)와 냉면바가 있다. 심지어 아이스크림 가게인 스윌스에서 녹차 아이스크림도 맛볼 수 있다.

Neptune's Reef and Pool(해왕성 수영장)

    14층과 15층을 오픈 스페이스로 개방한 광장이다. 깊이 2m의 수영장이 있어서 성인이 즐기기에 안성맞춤이다. 크루즈에 수영장이 많은 까닭은 바다로 휴가왔으면서 물도 묻히지 않고 돌아갔다면? 유명한 비치가의 리조트에도 수영장이 있어서 수영은 야외 바다보다 리조트 수영장에서 즐기는 편이다. 마찬가지로 크루즈 수영장에서 즐기는 게 곧 바다에서 즐기는 것과 같다 하겠다.

    나는 수시로 수영복 차림으로 리도 데크(Lido Deck)에 나가 수영장과 자구찌를 즐기고 선탠 베드에 누워 오후를 즐기곤 했다. 선미 쪽에 대형 스크린이 있어서 밤이면 영화도 상영한다. 별을 보면서 영화 감상하는 커플이 부럽기만 하다.

선수 쪽에는 트라이던트 그릴(Trident Grill), 블랙 비어드 바(Blackbeard's Bar), 프리고 피자(Prego Pizzeria)가 있어서 언제든지 패스트 푸드를 먹을 수 있다.

에너지 넘치는 운동을 할 수 있는 여러 가지 방법

16층에 유료 시설만 있는 게 아니다. 무료도 있다. 뷰티 샤론을 지나면 내가 즐겨 찾는 피트니스 센터가 있다. 선수(船首)가 돼서 러닝머신에서 달리면 앞에 스펙타클한 뷰가 펼쳐진다. 마음껏 달리고 나면 속이 후련하다. 개별적으로 운동하기도 하지만 개인지도를 받는 사람도 있다. 피트니스 센터는 최첨단 장비를 갖추고 있어

혼자서도 톤을 조절할 수 있다.

"온실(The Conservatory)"

내가 강력히 추천하는 장소는 온실 즉 실내 수영장이다. 바람이 몹시 불거나 태양이 뜨겁거나 자연환경에 노출을 꺼리는 사람은 새로운 휴식의 영역을 찾아가면 된다. 선미로 가다 보면 온실을 보게 된다. 태양광선을 피하고자 하는 여성은 온실 수영장에서 마음 놓고 지낼 수 있다. 온실은 2개의 자구찌 온수 욕조, 상쾌한 온수 수영장, 수영장 샤워실, 바, 탁구대 2개 및 편안한 라운지를 갖추고 있는 밀폐된 기후 조절 탑 데크 레크리에이션 공간이다. 휴식, 전망, 책 또는 낮잠을 즐기기에 좋다. 이런 시설이 모두 무료라는 건 정말 혜택이다.

실내 수영장

　백인들의 피부는 우리 피부와 달라서 피부가 하얗다. 선탠을 하지 않으면 나쁘게 말해서 송장 같다. 백인들이 선탠을 즐기는 이유이다. 어느 정도 선탠이라도 해야 조금이나마 갈색 피부가 되고 보기에도 좋아 보인다. 동양인은 선탠하지 않아도 이미 백인의 선탠 피부와 같다. 동양인이 선탠을 피하는 이유이다. 이럴 때 실내 수영장이 있다는 것은 얼마나 고마운 일인가?

14층 선미 끝자락에 작은 규모의 'Terrace Pool'이 있는데 조용히 선탠을 즐기기에 딱 좋은 곳이다.

Horizon Terrace 바로 아래에 있는 Riviera Deck의 선미에 위치한 Terrace Pool은 승객에게 수평선과 넓은 바다의 탁 트인 전망을 즐기면서 수영하고 선탠의 기회를 제공하는 곳이다. 풀에 몸을 담그고 호화선의 동력이 뿜어내는 거품을 바라본다. 거품은 끝없이 길게 이어지고 끝자락에 수평선이 일직선으로 그어져 있다. 색다른 기분을 맛볼 수 있다.

15층에서 한층 더 올라가면 16층 선미에 미니 골프장이 있다. 무료다. 표시가 잘 안 되어있어서 직원에게 안내를 받는 게 좋다. 미니 골프장은 9홀이지만 컵에 넣기가 쉽지 않은 까닭은 배에서 나오는 파도의 움직임 때문이다. 내 경험이지만 한 번은 홀인시키는 데 20번이나 시도했다. 항구에 정박했을 때는 단 3타 이하였다.

골프장에 퍼터는 늘 비치되어 있지만, 골프공은 귀하다. 직원에게 부탁해야 공을 제공받을 수 있다. 재미있는 미니 골프장이다.

셀프 세탁소는 층마다 있다. 지폐를 넣고 토큰으로 바꾼 다음 토큰을 세탁기나 드라이어에 넣으면 된다. 다림이 사용은 공짜다.

종류	비용
세탁기	3달러
드라이기	3달러
벤딩 미신에 들어있는 비누 종류나 표백제 등	1.50달러

15 각 층의 위치도와 선상 용어

(A) 각 층의 위치도

호화선은 16층으로 되어있으며 각 층마다 고유명이 있다. 1, 2층은 기관실과 창고이며, 3, 4층은 승무원실로 되어있다. 4층에 의무실이 있다는 것은 기억해 두는 게 좋다.

5층 – 프라자 데크(Plaza Deck)

일부는 발코니 객실로 되어있고, 중앙에 5층과 7층을 열린 공간으로 터놔서 높고 넓은 메인 로비가 있다. 로비에서는 늘 공연이 있는데 주로 현악기로 연주회가 있다. 그리고 미술관, 인터넷 카페, 각종 입항 시 여행 상품 예약, 술 마시는 바, 비발디 다이닝 룸, 사보이 다이닝 룸이 있다.

6층 – 피에스타 데크(Fiesta Deck)

프린세스 극장, 처칠 술집, 카지노장, 승객 서비스 센터, 라임라이트(Limelight: 주목받는 장소), 산타페 다이닝 룸, 패시픽 문 다이닝 룸, 국제 다이닝 룸, 웨이크 뷰 바 그리고 일부는 발코니 객실이다.

7층 – 프로메네이드 데크(Promenade Deck)

유일하게 야외에서 크루즈를 한 바퀴 돌 수 있는 트랙이 있다. 프린스 극장, 월하우스 바, 카립소 코브, 크루널스 바, 프로메이드 화랑, 엑스프로럴스 라운지, 사진 비데오 화랑, 카이해 스시 고급 유료 레스토랑, 크럽 휴죤 리프트보트 엔바케이죤 등이 있다. 대부분 별도로 지불하는 술집이나 음식점이다.

8층 – 에메랄드 데크(Emerald Deck)
작은 스위트와 발코니가 달린 스테이트 룸이다.

9층 – 돌핀 데크(Dolphin Deck)는 8층과 같고

10층 – 카리브 데크(Caribe Deck)
스위트 객실과 발코니가 달린 스테이트 룸이 있다.

11층 – 바하 데크(Baja Deck)와 12층 알로하 데크(Aloha Deck)는 스위트 객실과 발코니가 달린 스테이트 룸이 있다.

13층은 원래 서구인들에게 13이라는 숫자가 불운을 뜻하기 때문에 신성한 배에서는 사용하지 않는 숫자여서 빼고 없다. 마치 우리는 죽을 사(死)자라고 해서 4라는 숫자를 쓰지 않는 것과 같다.

14층 – 리도 데크(Lido Deck)
승객 모두에게 가장 인기 있는 층이다. 사람들이 가장 붐비는 홀라이죤 콜트 뷔페가 선수에 자리 잡고 있다. 크루즈 중간에는 하늘

을 볼 수 있는 공간으로 수영장이 둘씩이나 있다. 하나는 넵튠, 다른 하나는 카립소 수영장이다. 수영장에는 더운 물이 있는 핫텁(스파를 핫텁 또는 자구찌라고 부른다)이 함께 있어서 수영을 하다가 언제든지 핫텁에 들어가 몸을 덥힐 수 있다. 어떤 사람들은 처음부터 핫텁에만 들어가 있는 사람도 많다.

그런가 하면 먹을 것도 많다. 먼저 술을 마시는 바가 있고, 트리덴 그릴이 있어서 즉석에서 햄버거나 핫도그를 구워준다. 따끈따끈한 피자도 구워 내놓고, 아이스크림 바가 있어서 언제든지 아이스크림을 먹을 수 있다. 또한 스테이크 하우스도 있어서 주문하면 스테이크도 구워준다. 그 외에도 여러 가지 먹을 게 기다리고 있다.

15층, 16층으로 가면 농구장과 미니 골프장이 있다.

(B) 크루즈 선상에서 알아두면 유용한 용어들(Cruising terms)

(1) 객실에 관한 용어

* Cabin, Stateroom: 객실, 호텔 룸과 같은 용어로 쓰인다.

* Category: 객실 등급을 말한다. 객실은 보통 Suite, Balcony, Ocean view, Interior로 나뉘는데, 카테고리마다 위치, 크기, 손님 편의를 위해 제공하는 격조 높은 서비스에 따라서 다시 등급이 나뉘어진다.

* Single Supplement: 두 사람이 자는 방을 혼자 사용하는 것.

추가 요금이 부과된다.

　* Double: 2인용 객실이다.

　* Triple: 3인용 객실이다.

　* Quad: 4인용 객실이다.

　* Family Friendly Accommodations: 가족이 머물 수 있는 객실(성인 2인, 어린이 3인)이다.

　* Suite: 스위트라고 해서 일률적으로 다 같은 것은 아니다. 스위트는 스위트와 미니 스위트로 나뉘고 위치와 객실 크기에 따라 가격이 다르다. 일반 객실보다 크기가 넓고 손님의 편의를 위해 격조 높은 서비스를 제공하는 것은 분명하다. 일 예로 1912년 4월 15일, 불멸의 타이타닉호가 침몰할 당시, 배에 실린 구조정으로는 승객의 절반밖에 구조할 수 없었다. 선장은 일등 객실(스위트룸) 승객과 아녀자만 구명정에 태우라고 명령했다.

　* Balcony: 객실에 전망을 볼 수 있는 유리 미닫이문(Sliding door, 슬라이딩 도어)이 있고, 유리 미닫이문을 열고 나가면 개인 발코니가 있는 객실이다(팁: 원칙적으로 크루즈 내는 금연이라 흡연자들이 개인 발코니를 몰래 흡연 장소로 이용하기도 한다).

　* Ocean view: 창문이 있어서 밖을 내다볼 수 있는 객실이다.

　* Interior: 창문이 없는 객실이다. '인테리어'라고 해서 다 같은 객실은 아니고, 객실의 위치와 크기에 따라 가격이 천차만별이다.

　* Porthole: 선창(船窓)을 말한다.

* Upgrade: 낮은 등급에서 높은 등급으로 이동하는 것을 말한다.

(2) 식당에서의 용어

* Dinner Seating: 예약이 필수다. 만찬을 위해 줄을 서면 웨이터가 자리를 정해 준다.

* Open Seating: 예약 없이 자유로이 자리를 선택해서 앉는 식당이다.

* Alternative Dining: 뷔페와 같이 캐주얼한 옷차림으로 드나들 수 있는 식당을 말한다.

* Alternative Restaurant: 작은 규모의 유료 레스토랑이다.

* Galley: 주방을 말한다.

* Room service: 24시간 룸으로 배달해 주는 서비스이다. 음식이나 음료수는 아무 때나 배달이 가능하다.

* Executive Chef: 총주방장을 말한다.

* Maitre D'Hotel: '메트르 도텔' 웨이터. 웨이터 총지배인이다.

* Headwaiter: 레스토랑 내에서 서비스를 효율 있게 계획하고 전체를 총괄하는 책임자이다.

* Waiter or Waitress: 손님에게 서비스를 제공하는 남녀 종업원을 말한다.

* Assistant Waiter: 웨이터 보조원이다.

* Dress Code: 복장 규정을 말한다. 매일 배달해 주는 일정 소

식지 맨 위에 금일 저녁의 드레스 코드가 적혀있다. 라이트 캐주얼(Light casual), 스마트 캐주얼(Smart casual), 포멀(Formal)로 나뉘는데, 캐주얼은 그다지 신경 쓰지 않아도 된다(물론 청바지와 반바지는 안 된다). 그러나 Formal(정장)은 다르다. 정장을 입는 날은 특별히 소식지에 정장을 갖춰 입어 모두 즐거운 저녁이 되기를 바란다는 부탁이 적혀있다. 그날의 드레스 코드가 Formal일 경우, 여자는 이브닝 가운(Evening gown)이나 칵테일 드레스(Cocktail dress), 혹은 우아한 코트와 팬츠를 입어야 한다. 남자는 턱시도나 검은색 종류의 신사복 혹은 만찬 정장을 입어야 하며, 특히 반드시 긴 바지를 입어야 한다.

(3) 크루즈 선상 용어

* Forward: 선수(船首)

* Midship: 선체 중앙

* Afterward(Aft): 선미(船尾), 크루즈를 앞부분, 중간 부분, 뒷부분으로 삼 등분해서 객실을 정할 때 쓰는 단어다. Aft에 위치한 객실은 적으나마 엔진에서 발생하는 소음이 있는가 하면 선상에서 발생하는 소음은 없다. 크루즈의 모든 식당과 극장, 술집, 라운지는 앞쪽에 집중되어 있어서 밤늦게까지 발생하는 소음에서 벗어날 수 있다. 대신 크루즈 엔진 소음이 있어, 10층 이상에서도 약간의 소음이 들리는 단점이 있다.

객실이 맨 뒤에 있으면 어딜 가나 걷는 거리가 있어서 운동량이 많아진다. 이는 장점일 수도 있고, 단점일 수도 있다. 앞서 말했던 것처럼 선상에서는 체중 관리를 위해 운동이 요구되므로 엘리베이터는 피하고 계단을 걸어 다니는 것이 좋기 때문이다.

Aft와 상응되는 개념으로 Forward가 있는데 Forward에 위치한 객실의 경우, 배의 앞부분이 타원형으로 되어있어서 객실이 사각형이 아닐 수도 있다. 대신 자동차 앞 좌석처럼 앞으로 전개될 뷰를 만끽할 수 있다는 장점이 있다. 반면, 엔터테인먼트를 즐기려는 승객들의 발길이 잦아 시끄러울 수 있다. 뱃멀미에 민감한 사람은 Midship에 있는 객실을 선택하는 것이 가장 안전하다.

* Beam: 배의 폭을 말한다. 가장 넓은 수치를 말하는데 일반적으로 배 가운데가 가장 넓다.

* Length: 배의 길이이다.

* Bridge: 선장과 선원이 배 운항을 지휘하는 장소이다.

* Draft: 배가 수중 지면에 닿지 않기 위해 물 깊이를 재는 것을 말한다.

* Gangway: 배가 선착장에 닿았을 때 승객이 타고 내리는 입출구이다.

* Tender: 항구에 선착장 시설이 없을 경우, 배를 연안에 정박해 놓고 작은 구명정으로 승객을 육지로 태워 나른다. 작은 구명정을 '텐더'라고 부른다.

* Knot: 배의 속력을 말한다. 1노트는 1초에 2m를 가는 속력을 의미한다.

* Promenade Deck: 크루즈를 한 바퀴 돌아볼 수 있는 데크이다. 걷거나 조깅하는 데크를 말한다.

(4) 기항(寄港)에서 쓰는 용어

* Port of Call: 기항지

* Shore Excursion: 크루즈에서 기항 후에 관광할 사람들을 안내해 주는 것을 말한다.

* Embarkation: 승선

* Disembarkation: 하선

* Starboard: 우현

* Portside: 좌현

(5) 기타 자주 쓰는 단어

* Home port: 모항

* Cabin Steward/ess: 객실 담당 청소원

* Spa Attendant: 스파 종업원

* Busboy: 웨이터의 조수

밀실에선 어떤 일이 벌어지나?

　다음은 일반인들이 애용하는 장소는 아니지만, 알고 있는 것이 좋을 것이다. 호화선인데 무엇인들 없겠는가? 비밀스러운 장소에 개별적으로 즐기는 사람들이 있다. 당연히 유료이다.

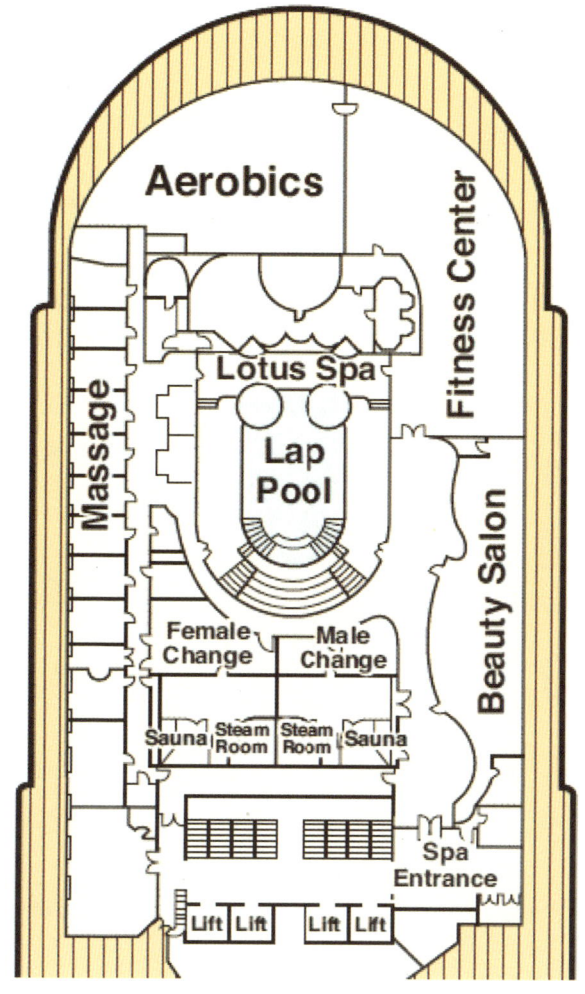

15층 선수와 선미 평면도

스파 입구로 들어서면 피트니스 센터는 무료이고 뷰티 살론, 로터스 스파, 랩풀, 마사지, 애로빅스는 유료다.

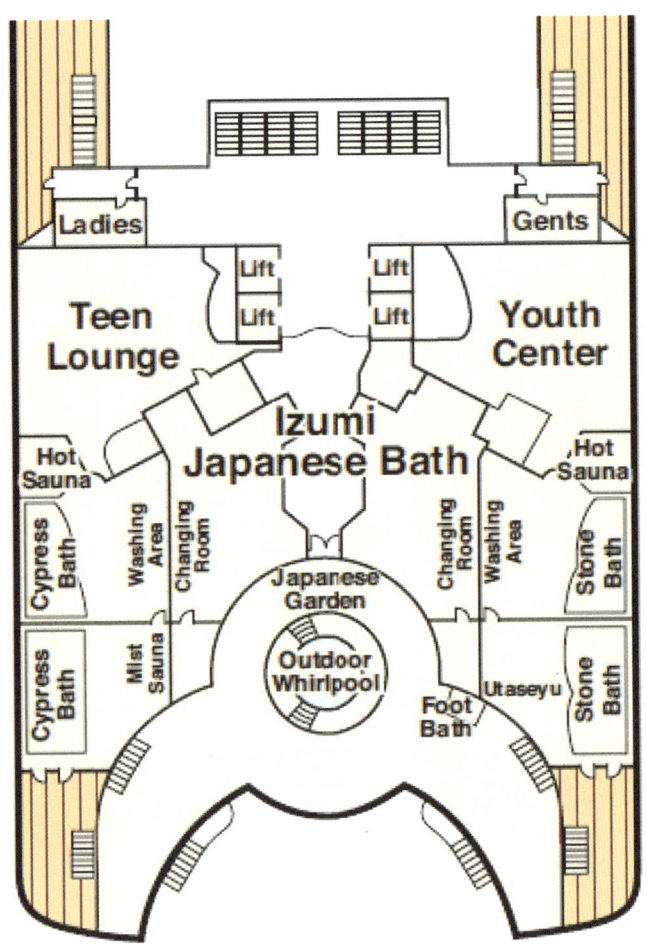

15층 선미(船尾) 평면도

일본식 목욕탕과 사우나, 찜질방, 성인 전용 성역이 있다.

　로터스 스파로 들어가는 입구 바로 옆으로 뷰티 사론이 있어서 여자들 머리도 해 주고 남자들 머리도 다듬어 준다.

　"로터스 스파" 호화선에선 호강할 자격이 있다.

　피트니스 센터는 운동만 하는 곳이 아니다.
　'유람선 최고의 스파'로 명명된 로터스 스파(Lotus Spa)라는 고급스럽고 편안한 스파가 있는가 하면 얼굴 마사지나 몸 마사지를 받을 수도 있고, 인증된 개인 트레이너와 약속을 잡고 에어로빅 개인 수업을 들을 수도 있다. 각 프로그램은 휴가객들이 비키니 몸매를 유지하려고 하는지 아니면 단순히 현재 체중을 유지하기를 원하는 지에 따라 맞춰진 운동으로 몸매를 관리해 준다.

Core, Balance, Strength 운동 프로그램은 프린세스 크루즈 선박에서만 제공된다. 세계적인 피트니스 전문가들이 설계한 이 서비스는 승객들이 긍정적이고, 건강한 생활방식을 유지할 수 있도록 돕는 전문 수업, 상담, 영양 지도 등이 포함되어 있다. 핵심 수업은 필라테스 훈련과 유연성에 초점을 맞출 것이며, 균형 요소는 요가 수업을 특징으로 한다.

　궁극적으로 프로그램은 칼로리 연소 강도 훈련으로 짜여졌다. 몸 관리를 원하는 사람은 개인 교습을 받으면 하선할 때 승선할 때의 몸무게를 유지할 수 있다. 또한, 스파 내에 있는 남녀 공용 미용실에서는 매니큐어부터 머리, 치아미백, 이발 서비스까지 다양한 서비스를 제공한다.

16층에 있는 성인 전용 풀은 'The Sanctuary'라고 해서 비밀스러운 안식처에 속한다. 1일 사용료가 40달러고, 반나절은 20달러이다. 마사지는 물론이려니와 사우나도 있다.

'The Sanctuary(성역)'

프린세스 크루즈의 성역은 성인 전용 일광욕 데크로, 18세 미만은 출입할 수 없는 성인 전용 공간이다. 성역은 메인 풀에서 멀리 떨어져 있고, 로터스 스파 바로 위, 배의 최상부 갑판에 자리 잡고 있다.

The Sanctuary의 고객은 온천의 가라앉은 분위기와 시설, 수영장, 온수 욕조에 쉽게 접근할 수 있는 혜택이 있다. 고급 호화선의 경우 Sanctuary는 성인 전용 뷰티 샤론, 개인용 스파와 인접해 있으며, 작은 수영장과 2개의 온수 자구찌가 있다. 게다가, 선상의 양쪽 끝에 있다는 것은 주변의 바다 경치를 휩쓸고 있다는 것을 의미한다.

크루즈 프린세스의 성역 안에는 무엇이 있을까?

성역 자체의 영역은 기능적이면서도 매력적이다. 통풍이 잘 되는 캐노피의 일부는 그늘로 되어있고, 다른 캐노피는 태양에 완전히 노출되어 있다. 패딩 처리된 라운지 선탠 베드에는 수건과 작은 칵테일 테이블이 함께 있다. 이동이 용이한 방식으로 배치된다. 선탠 베드 사이에는 충분한 보행 공간이 있다.

선탠 의자들이 유리벽 둘레에 놓여있어서 일광욕하면서 바다를 내다볼 수 있다. 일단 성역에 들어서면 비치 하우스나 방갈로 같은 느낌이 들 것이다. 성인 전용 구역의 조용하고 고독함을 즐기고 싶은 승객을 위한 공간이다. 예약은 필수이며 좋아하는 책, 수영복 차림으로 뜨거운 욕조에서 휴가 분위기를 즐길 수 있다.

프린세스 크루즈의 성역 패스와 패키지로는 오전이나 오후에 몇 시간 동안 사용할 수 있는 반나절 패스와 온종일 패스가 있다. 순항 중에 가장 좋은 경치를 즐길 수 있는 방법으로 성인 전용 성역만 한 곳이 없다.

맨 위층 17층에는 농구대가 있는가 하면 'Sky Walker's Nightclub' 이 있다. 나이트 클럽에 가려면 크루즈에 유일한 에스컬레이터를

타고 올라간다. 밤에는 선장과 함께 밤의 파티가 열린다.

로맨틱한 분위기를 원한다면 Sky Walker's Nightclub

심야의 행복한 시간, 밤의 끝을 볼 수 있는 장소가 스카이워커 클럽이다. 이름에 걸맞게 스카이워커는 밤하늘의 별을 테마로 하는 특징이 있다. 별 모양의 불빛이 위에서 빛나고, 별똥별 무늬가 발밑의 카펫에서 소용돌이친다. 댄스 플로어는 네온 불빛으로 빛을 발하며, 밤에는 바깥의 파노라마를 보기 힘들지만, 여전히 바닥에서 천장까지 닿는 모든 창문을 감상할 수 있다.

스카이워커는 술 마시는 바(Bar)다. 따라서 모든 칵테일, 맛나는 마가리타에 이르기까지 거의 모든 칵테일을 주문할 수 있다. 스카이워커를 즐길 수 있는 입장료는 없다. 하지만 칵테일은 일품 가격이다. 칵테일은 팁을 받기 전에 약 10달러다. 수영장에서 15층으로 올라가면 이즈미(Izumi Bath) 일본 목욕탕이 있다.

꿀팁

일본 목욕탕은 노천탕과 실내탕이 있으며 유료이다.

2023년부터 다이아몬드 프린세스에서 이즈미 일본식 목욕을 즐길 수 있다. 하루 사용료가 49달러이고, 일주일 패스는 249달러이다. 선상의 이즈미 일본 목욕탕은 안개 낀 찜질방, 사우나, 자쿠지, 뜨거운 욕조 등 실내외 목욕 체험(90분 방문 시 15달러)을 갖추고 있으며 일부는 노천으로 개방되어 있다. 남성과 여성은 수영복이 필요하며 야외 온수 욕조와 실내 목욕탕이 있다.

이즈미는 다이아몬드 프린세스만이 가지고 있는 특별한 공간이다. 이즈미는 유람선의 '일본식 목욕' 구역이며 순항하는 호화선에서 경치를 즐기면서 목욕하는 색다른 경험을 제공한다. 일본의 전통적인 온천 경험에 젖어보는 이색 경험이다.

바다 전망이 있는 이즈미 일본 목욕탕 온수 욕조는 이즈미 패스 소지자만을 위한 전용 구역에 있다. 전통적인 일본식 목욕 또는 온천을 모델로 한 이즈미(Izumi)는 스팀 룸, 사우나 및 장엄한 바다 경관을 자랑하는 온수 욕조를 포함하여 실내 및 실외 일본식 목욕 경험을 제공한다.

17 아키타(Akita) 관광

아키타(Akita) 항은 비가 오락가락했다.

우리나라의 동해 끝자락, 일본으로 치면 서해 해변 도시가 아키타다. 인구가 1백만 명이 못 되는 소도시다. 아키타 시는 아키타현의 수도이며 아키타현은 90%가 국립공원이다. 산으로 되어있다.

가을 논을 의미하는 아키타(秋田)는 벼농사와 술 양조장으로 유명하다. 일본에서 사케 소비량이 가장 많은 곳으로 잘 알려져 있다. 이 지역의 여성들도 하얀 피부, 둥근 얼굴, 높은 목소리로 널리 명성을 얻었다.

우산을 챙겨 들고 프린세스 극장으로 갔다. 예약한 관광 코스에 따라 각기 그룹 기호가 정해졌다. 'B'자가 쓰여있는 동그란 스티커를 가슴에 부착하고 'B' 그룹이 호명될 때까지 극장에서 기다렸다. 극장에는 오늘 하루 관광길에 나선 사람들로 북적였다. 각기 예약된 그룹별로 나뉘는데 한 그룹이 대략 20~30명으로 되어있다. 이는 버스 정원에 맞춘 인원이다.

여러 가지 관광 상품이 있었으나 우리 부부가 예약한 관광은 사무라이 무사촌 방문이다. 1인당 159달러라는 조금 비싼 가격이었지만 무사 가옥 입장료(청유가 500엔, 석흑가 400엔)가 포함되어 있고, 점심도 포함되어 있어서 그런대로 합리적인 가격이다. 부두에는 관광버스가 줄지어 기다리고 있었다. 'B' 그룹이라는 팻말의 버스를 찾아가 앉았다.

우리가 찾아가는 관광지는 각관 역사촌(角館 歷史村)이다. 버스로 한 시간쯤 달렸을까? 깨끗하고 조용한 거리가 나왔다. 이곳이 옛날 사무라이 무사들의 가옥이 잘 보존된 지역이다. 우리가 방문한 가옥은 '청유가(靑柳家)'와 '석흑가(石黑家)'이지만 그 외에도 여러 무사들의 가옥이 박물관으로 변신해서 관광객을 기다리고 있었다.

잘 알려진 관광지는 관광객들로 붐비기 때문에 관광이라기보다는 사람 구경만 하는 경우가 많다. 들끓는 사람들을 피해서 관광할 수 있는 길은 없을까? 크루즈 여행을 하면 한적한 관광지 내지는 숨겨진 보석을 찾아다니는 쏠쏠한 재미가 있다. 사무라이 촌을 찾아가서 처음 느낀 소감이다.

크루즈에서 육지 관광은 선박의 입항과 출항 시간을 맞춰야 하기에 늘 시간이 부족하다. 개별적으로 관광길에 나섰다가 출항시간을 놓치는 바람에 낙오가 되는 경우도 종종 발생한다. 낙오되면 짐이 크루즈에 있기에 꼭 크루즈를 잡아야 한다. 크루즈의 다음 기항지로 가야 하는데 때로는 비행기를 타고 기항지를 찾아가는 예도 있다. 가능하면 크루즈에서 실행하는 관광 상품을 선택하는 것이 좋다.

크루즈에서 판매한 관광 상품은 관광에 나섰다가 늦어지더라도 크루즈가 기다려 준다. 한 가지 예로 크루즈를 타고 멕시코의 시골 도시 관광을 나섰다가 돌아오는 길에 버스 앞에 장례식 행렬이 가로막고 있었다. 앞지를 수도 없고, 장례 행렬을 뒤따라오느라고 30분이나 늦었다. 관광버스 운전기사가 크루즈에 전화해서 사정을 알렸고, 크루즈는 30분 이상을 기다려 주었다.

사무라이 관광지구는 한때 약 80가구나 되는 사무라이 건축과 주택이 있었다. 넓은 거리와 넓은 안뜰에는 5월 초에 피는 수십 그루의 수양벚나무가 그늘을 드리운다. 가장 많은 관광객이 붐비는 기간이기도 하다.

그대로 남아있는 사무라이 가옥 중 6곳은 일반인에게 공개되어 중산층과 부유한 사무라이 가족이 어떻게 살았는지 볼 수 있다. 6곳의 오픈 하우스 중 아오야기(Aoyagi, 청유가)와 이시구로(Ishiguro, 석흑가) 하우스는 크기와 품질면에서 특히 주목할 만한 곳이라고 해서 우리 일행이 방문했다. 아오야기 가옥과 이시구로 가옥은 나란히 있어서 시간이 절약되기도 했다.

아오야기 가옥의 정문

세월의 무게를 고대로 간직하고 있어서 타임머신을 타고 17세기로 들어가는 기분이었다. 봉건 시대 일본에서는 대문이 주인의 사회적 위신을 상징했다. 가족은 가쿠노다테의 봉건 영주에게 기여한 보상으로 특별 허가를 받아 1860년에 대문을 지었다.

사무라이와 일본 봉건제도

사무라이는 봉건 영주 또는 쇼군 군주를 섬기고 대가로 땅이나 봉급을 받은 전사들이었다. 유럽 봉건제도의 가신들과는 달리, 각 사무라이는 단 한 명의 영주로부터 그의 적들을 물리쳐 주는 역할을 했다.

 쇼군의 영역에서 영주는 사무라이뿐만 아니라 농민, 장인 및 상인과 같은 하층 계급의 다른 주민들도 통제했다. 쇼군은 황제의 지도력 하에 절대 통치를 행사하면서 영주를 다스렸다.

 쇼군 도쿠가와 이에야스와 그의 자손들은 1603년부터 1867년까지 260년 동안 일본을 통치했다. 아키타 역시 도쿠가와 막부 시대에는 260년 동안 도쿠가와 막부에 충성했다. 봉건제도 쇼건 통치는 막부를 현재의 도쿄에 두었기에 도시의 이름을 따서 '에도 시대'라고 불린다. 봉건제도는 1867년 남방의 무사들이 쿠데타를 일으켜 1868년 메이지 유신으로 이어지면서 막을 내렸다. 그 후 일본은 천황을 국가원수로 하는 입헌군주제를 도입했다.

추전(秋田, Akita, 아키타)

 추전 교육위원회에서 사적지로 지정했다는 팻말이 서 있다. 추전현지정사적 무가옥부 청유가(秋田縣指定史跡 武家屋敷 靑柳家), 영어로는 Akita Aoyagi Samurai Manor Museum이다.

 가옥 자체가 세월의 영겁을 느끼게 하는 운치를 자아냈다. 무사 가옥은 3,000평방미터나 되는 거대한 저택이다. 여러 건물로 나뉘어 있으며 병기고, 사무라이 도구 박물관, 바쿠 마츠 갤러리 등 다양한 전시실이 있다.

 초가지붕의 본채는 전국에서 가장 잘 보존된 사무라이 가옥 중

하나다. L자 모양의 구조에는 3개의 출입구가 있어 별도의 구역으로 연결되며, 이 구역의 사용은 사회 계급에 따라 엄격한 규제를 받았다. 멋지게 장식된 현관문과 현관은 객실로 이어진다. 객실은 매우 높은 지위의 방문객만을 대상으로 했기 때문에 거의 사용되지 않았다. 나무 베란다가 객실과 접해 있어 방문객들이 정원의 경치를 감상할 수 있다.

가운데 문은 가족과 친한 친구들을 위한 거실로 이어진다. 오른쪽은 가장의 방이고, 왼쪽은 식당이다. 문 양쪽에는 그릴이 있어 하인들이 내부에서 방문객을 검사할 수 있다. 옆문은 부엌으로 통하고 하인들을 위한 문이었다.

거실(Living Room)

안방(Master's Room)

　무기고에는 15세기부터 19세기까지의 칼, 갑옷, 헬멧, 총기와 깃발 컬렉션이 있으며, 더블 브레스트 블랙 래커 갑옷과 헬멧 그리고 접이식 갑옷이 있다.

칼로 흥하고 칼로 망한 나라가 일본이라더니 정말 칼이 많이 발달했다.

호화로운 접시들만 봐도 사무라이들이 어떻게 살았는지 보이는 것 같다.

점심은 '히아쿠스엔(백수원, 百穗苑)'에서 먹었다.

백수원(百穗苑)

식당 이름이 백수원(百穗苑)이니 벼이삭이 동산처럼 싸인다는 뜻이겠다. 결국 벼가 부를 상징한다. 이 도시 이름도 추전(秋田) 즉 가을 벼 타작을 일컫는다. 일본인들이 쌀을 얼마나 염원했는지 이름에서도 짐작이 간다.

백수원(Hyakusuien)에서 점심상을 받았다.

일본 태생 가족이 420년이나 된 가옥에서 가족 레스토랑을 이어가고 있다는 사실에 놀라지 않을 수 없었다. 아마도 내가 알고 있는 지식으로는 가장 오래되었고, 그러면서도 아름다운 레스토랑일 것이다. 메뉴는 식물 기반과 비식물 기반 옵션을 모두 제공했다. 가능하면 여러 맛을 음미하고자 세트 코스로 갔다.

아시다시피 일본 음식이라는 게 한 젓가락 집으면 그만이다. 맛이나 보라는 식이지만 맛은 있었다! 산나물이나 생선뿐만 아니라 아키타에서도 절인 반찬이 그런대로 괜찮았다. 음식들은 약간 달콤한 맛을 지녔고 심심해서 마음에 들었다. 프레젠테이션은 훌륭한 일본 요리에서 예상했듯이 아름다웠다.

식사 후, 우리는 내부를 둘러보고 예술품들을 즐기도록 초대받았다. 우리는 약 15분가량 다양한 방을 둘러보았다. 가족이 소유한 레스토랑은 일하는 사람들이 매우 친절하고, 매력적이며, 일본어와 영어를 모두 구사했다. 건물의 역사를 설명하고 가족에 관한 질문에도 답변이 인색하지 않았다.

오는 길에 버스에서 내다보다가 원유 채굴하는 것을 보고 깜짝 놀랐다. 일본에서 원유가 생산된다고? 알다가도 모를 일이다. 여러 곳에서 원유 채굴작업이 눈에 띄었다.

환송연

어느 일본 항구나 크루즈가 출항할 때면 적으나마 지역 사람들이 나와서 환송한다. 모여서 손을 흔든다거나 어떤 식으로라도 아쉬움을 표한다. 이것도 일본식 예법이라면 예법이다.

대개는 고등학교 밴드가 연주한다거나 특정 그룹의 연주가 있다. 아키타 항을 떠날 때는 일본 전통 타이코 팀이 나와서 북을 치는 북소리 음악을 들려주었다. 배가 항구를 벗어나 보이지 않을 때까지 환송연은 이어졌다.

규 타타키(Gyu Tataki)

부타 쇼가야끼(Buta Shogayaki)

여행 중에 맛여행이 있듯이 입이 즐거우면 여행도 즐겁다. 저녁은 패시픽 문 레스토랑에서 만찬을 즐겼다.

디너 시작으로 '규 타타키(Gyu Tataki)'가 나왔다. 이 쇠고기 타타키는 맛이 좋을 뿐만 아니라 고급 레스토랑에서나 써브하는 음식이다. 타타키 맛의 생명은 안심 스테이크의 신선함에 있고, 요리의 비결은 뜨거운 불에 빨리 앞뒤를 익히는 거다. 간단하고 뜨거운 쇠고기를 거의 이탈리아 카르파치오처럼 얇게 썰어서 소이 소스에 찍어 먹는다. 고기가 입 안에서 녹는 것 같았다.

메인 요리로 '부타 쇼가야끼'를 주문했는데 부타가 돼지고기인 모양이다. (Buta Shogayaki: pork loin, shredded cabbage & red onion, broccoli, ginger sauce)

돼지고기 쇼가야끼는 생강 맛이 가득한 얇게 썬 돼지고기로 소스 맛이 향기로웠다. 쇼가야끼는 도시락 메뉴에서도 가장 인기 있는 음식 중 하나이다. 쇼가야끼는 여러 번 먹어봐서 아는데 생강은 일본어로 '쇼가'이며, '야끼'라는 단어는 그릴 즉 구웠다는 말이다. 일본에서는 '쇼가야끼'라고 하면 돼지고기 쇼가야끼를 떠올린다.

하지만 쇼가야끼는 얇게 썬 쇠고기나 닭고기와 같은 다른 고기로도 만들 수 있다. 적당한 두께로 썬 돼지고기를 약간의 청주와 생강즙에 재우면 고기가 연해지고 냄새도 제거된다. 가능하면 돼지

목살을 사용하는 게 좋지만, 목살이 없을 때는 돼지 등심으로 만들어도 된다. 등심으로 익히면 약간 건조한 맛이 돈다. 나는 돼지고기를 씹어보고 목살이 아니라는 걸 금방 알아보았다.

양배추는 돼지고기와 잘 어울린다. 돼지고기를 먹고 양배추로 미각을 맑게 하면서 먹는 게 쇼가야끼를 즐기는 방법이다. 생강 소스가 양배추와 잘 어울리기 때문에 드레싱을 하지 않고 양배추를 먹을 수 있다. 생강 소스는 식욕을 돋우는 음식이다.

두 가지 색다른 아이스크림

후식으로 아이스크림을 먹었다.

주방에서 일하는 요리사는 음식을 가지고 온갖 재주를 부린다. 맛도 중요하지만, 눈요기도 빼놓을 수 없는 즐거움이다.

저녁 7시 30분에 프린세스 극장으로 향했다.

오늘 저녁 공연은 엘비스 프레슬리 모창 가수의 노래를 듣는 거다. 로큰롤의 상징 엘비스의 노래 '당신과 하룻밤(One Night With You)', '부드럽게 사랑해 줘(Love Me Tender)' 등 로큰롤의 왕 엘비스 프레슬리에게 경의를 표하는 밤이다.

엘비스 프레슬리의 모창 가수는 여러 명이다. 그중의 한 사람 Che Orton이 무대에 섰다. 두 다리를 떨며 엘비스 흉내를 내는가 하면 목에 스카프를 걸고 있다가 관객들에게 스카프를 던져주기도

했다. 노래를 그럴듯하게 잘 불렀고 매너도 좋았다. 관객들과 같이 사진도 찍고 그럴듯하게 즐거움을 선사했다.

왜 엘비스의 모창 가수를 무대에 세웠을까?

이유는 일본인들이 엘비스 프레슬리를 좋아하기 때문이다. 일본의 고이즈미 전 총리는 엘비스 프레슬리(Elvis Presley)의 유명한 팬이었다. 엘비스 프레슬리(Elvis Presley)는 1935년 1월 8일생이다. 2001년에, 고이즈미는 엘비스 프레슬리의 노래에 대한 자신의 의견과 함께 좋아하는 프레슬리 노래 모음 CD를 발표하기까지 했다.

고이즈미의 친형은 도쿄 엘비스 프레슬리 팬클럽의 수석 고문이다. 고이즈미 총리와 그의 형은 도쿄 하라주쿠 지역의 프레슬리 동상 건립에 자금을 지원하기까지 했다.

2006년 6월 30일 고이즈미 총리는 조지 W. 부시 미국 대통령과 로라 부시 여사와 함께 프레슬리의 생가인 그레이스 랜드를 방문했다. 에어포스원을 타고 멤피스에 도착한 고이즈미 총리와 부시 대통령 일행은 그곳에서 프레슬리로 가장하고 프레슬리의 트레이드마크인 대형 황금 선글라스를 착용하고 자신이 좋아하는 프레슬리 곡 몇 곡을 부르기까지 했다.

여기서 엘비스 프레슬리에 관한 평가를 들어보자.

"엘비스 프레슬리는 20세기의 가장 위대한 문화적 힘이다. 그는 모든 것에 리듬을 도입했고 음악, 언어, 옷 등 모든 것을 바꾸었다. 그것은 완전한 새로운 사회 혁명이었다. 60년대가 그것에서 왔다."

— 레너드 번스타인

"엘비스가 나타나기 전까지 내게 영향을 끼친 사람은 아무도 없다."
"엘비스 이전에는 아무것도 없었다."

— 존 레논

"그의 음악을 처음 들었을 때, 마치 감옥에서 풀려난 것 같았어요."

— 밥 딜런

"엘비스 프레슬리는 전 세계 많은 팬에게 미국 문화를 규정하는 인물이다. 그는 가스펠, 컨츄리, 리듬앤블루스(R&B) 등을 자신의 음악에 융합해 10억 장이 넘는 음반 판매 기록을 세웠다. 사후 40여 년이 지났지만, 프레슬리는 영원한 미국의 영웅으로 남아있다."

— 백악관, 2018년

18

관광지에 입항해서 하선과 승선할 때 유의점

Gangway(갱웨이: 크루즈 출입구)

크루즈가 항구에 입항하면 부두로 내려가 입항 절차를 밟아야 한다. 항구에 접안(接岸) 시설이 잘 갖춰져 있는 부두는 크루즈 4층으로 내려가 갱웨이(Gangway)를 통하여 밖으로 나가면 되지만 접안 시설이 설치되지 않은 항구에서는 크루즈를 연안에 정박시켜 놓는다.

크루즈는 비상시를 대비해서 구명보트를 20여 척을 싣고 다닌다. 그중에서 '텐더(Tender)'라고 하는 부속선에 승객을 갈아 태운 후 육지로 나간다. 많은 승객을 태워 나르려면 텐더 여러 대를 운행하는 것은 물론이고 질서가 유지돼야 한다.

하선 후 관광이나 기타 일정이 예약된 승객이라면 방송으로 예약 항목에 따라 모여서 가슴에 번호표를 부착한다. 같은 번호 집단대로 하선해서 리더를 따라가면 된다.

승·하선 시에는 반드시 '메달리온'을 지참해야 승선과 하선이 가능하다. 여권이나 사진이 부착된 ID는 더 이상 필요 없다. 메달리온에는 개인정보가 입력되어 있어서 전자기기에 대면 곧 승인이 떨어진다. 1초도 안 걸린다. 한국인이나 미국 시민권 소유자는 일본에 무비자 입국이 가능하다.

출항 시간은 반드시 지켜야 하기에 적어도 출항 한 시간 전에는 승선하는 게 좋다. 때로는 관광지에서 사고가 발생했다거나 술에 취해서 늦는 경우도 있다. 그러다 보면 크루즈는 이미 떠나고 없는 경우도 발생한다. 그때는 개별적으로 비행기편을 구해 귀국해야 한다.

관광지에서 쇼핑할 때는 쇼핑한 물건이 세관 통과에 지장은 없는지 살펴봐야 한다. 일반적으로 육류, 과일, 묘목 같은 종류는 세관 통과에 문제가 발생할 수 있다.

선착장이 없는 부두에서는 텐더(Tender)로 승객을 태워 육지로 나간다.

⑲
사카이미나토 항을 향하여

스케줄대로라면 다음 날 아침에 가나자와(Kanazawa) 항에 입항하기로 되어있는데 항구에 입안 준비가 되어있지 않다는 이유로 건너뛰고 곧바로 사카이미나토(Sakaiminato) 항으로 직행했다.

살다 보면 여러 가지 유혹에 빠지기도 하지만, 그중에서도 먹는 유혹은 가장 잔혹한 유혹에 속한다. 먹거리의 향연이라고 할 수 있는 크루즈에서 보고만 있다는 건 불행한 일이다. 그보다는 행복하게 먹고 싶은 것은 먹고 대신 운동으로 에너지 소비를 하면 된다. 과학적으로 산술적으로 맞는 말이지만 그게 그리 쉬운 일이 아니다. 그렇다고 누구도 허리 둘레가 굵어지게 내버려 둘 수는 없다. 나도 최선을 다해서 살과의 전쟁을 즐겁게 수행했다.

내게 엘리베이터는 그림의 떡이다. 이동 시에는 층계로 올라다녔다. 칼로리를 태우는 가장 빠르고 쉬운 일이다.

새벽에 가벼운 조깅으로 몸을 풀었다.

14층 리도 데크에는 수영장이 있고 조깅 트랙도 있다. 수영장 이용 고객들을 위해서 조깅은 오전 8시부터 오후 8시에는 자제해 달라고 되어있지만, 시간을 지키는 사람은 거의 없다. 제지하는 사람도 없어서 조깅하는 친구도 있지만, 나는 마음 편하게 규정을 지켜주기로 했다.

새벽 6시에 리도 데크에 나와 일출을 보면서 아침을 열었다.

낮에는 사람들로 북적이는 리도 데크도 새벽엔 한산하다. 파도 소리를 들으며 신선한 공기를 마신다. 가볍게 몸을 풀기 위해 슬슬 갑판 위를 달리기 시작했다. 배가 커서 요동이 없으니 대지를 달리는 것과 다를 바 없다. 허허망망 대해에서 태양이 떠오르는 쪽이 동쪽일 것이다. 그와는 반대편이 한국의 동해다. 일본 쪽에서 동해를 들린다는 게 조금은 야릇했다.

아침 식사 후에는 미술 갤러리에서 열리는 미술품 경매에 가 보았다. 아내와 나는 그림 감상을 좋아하는데 위대한 예술품을 만나면 경외심을 불러일으키는 때도 있다. 아직도 오전인데 샴페인 한 잔이라! 나쁠 것도 없다. 샴페인 한 잔 받아들고 자리에 앉았다.

세계 최고의 마스터 중 일부라고 강조하는 미술사 강의가 짧게 있었다. 그리고 토마스 킨케이드, 피터 맥스, 마이클 고다드와 같은 유명한 예술가들의 작품을 포함하여 다양한 미술품을 보여주면서 입찰로 유도했다. 이러한 행사에 참석하면 샴페인은 거저 마시고 눈 호강은 무료다. 누가 사는지, 그림이 얼마인지에는 관심도 없고 그냥 감상하는 거다.

상점들을 둘러보았다.

프린세스의 숍에서 쇼핑은 세금이 안 붙는 만큼 저렴하다.

The Shops가 매년 Porthole 잡지에서 "Best Onboard Shopping"을 수상한 것은 놀라운 일이 아니다. 크루즈 내에서는 스와로브스키, 샤넬, 에스티 로더, 크리니크, 랑콤, 캘빈 클라인, 시티즌, 티소 등의 브랜드와 현지 공예품, 유품, 기념품 등 다양한 고급 상품을 볼 수 있다. 실제로 미국 소매가격보다 30%까지 할인해 주는 것도 사실이지만 충동구매는 금물이다.

오락물로는 카지노가 있는데 재미와 홍분을 제공하는 것은 사실이다. 잠깐 즐긴다면 모를까 돈을 따겠다는 생각은 아예 버리는 게 좋다. 블랙잭, 룰렛, 최신 슬롯머신, 상금 토너먼트에 이르기까지

라스베가스처럼 갖추고 있다.

연령 제한이 있다. 모든 프린세스 크루즈에 탑승하면 도박 연령은 18세, 음주 연령은 21세 이상이다. 18세 미만의 크루즈 승객은 오후 11시 이후에 카지노나 나이트 클럽에 입장할 수 없다. 때로는 ID를 요구한다.

승선 시 지참 금지 물품으로는 날카로운 뾰족한 무기, 단검, 세이버(Sabers), 장검, 나이프, 갈퀴, 얼음 축(Ice axes), 축, 접었다 폈다 하는 직선 면도칼(안전 면도기 허용됨), 상자 커터, 아이스 픽(Ice picks), 고기 절단기 및 유틸리티 나이프 등은 금지 품목에 속한다.

프린세스 크루즈에서는 차, 커피, 물, 레모네이드, 아이스 티 등 음료가 무료다. 다른 음료로 코카콜라, 소다, 알코올은 유료 항목이다. 프린세스 크루즈가 제공하는 음료 패키지는 크루즈 여행 예약 시 또는 선내에서 구매할 수 있다.

7층 프로멘데이드 데크에서 걷다 보면 후미에 흡연 구역이 있다. 트랙에 서서 바다를 바라보며 흡연하는 사람들이 그런대로 보인다. 재떨이도 걸려있다.

점심 식사 후에는 피트니스 센터로 달려갔다. 크루즈에는 앉는 자전거, 러닝머신, 웨이트와 같은 체육관 운동 장비들이 있지만, 러닝머신에서 달리기로 했다.

크루즈 맨 앞에 자리 잡은 피트니스 센터에 들어서자 직원들이 반겼다. 무엇을 원하는지 묻는다. 나는 간단하게 러닝머신에서 달릴 것이라고 했다. 러닝머신에 올라서자 탁 트인 크루스의 전경이 펼쳐졌다. 대양이 한눈에 들어왔다. 구태여 음악을 들으려고 이어폰을 귀에 꽂을 이유가 없다. 눈앞에 펼쳐진 전경만 보아도 기분이 유쾌하다.

피트니스 센터에서 운동 장비들을 이용하는 것은 공짜지만 개인 서비스를 받으려면 서비스 가격을 묻는 게 기본이다. 하지만 몸 관리를 원하는 사람은 개인 교습을 받으면 하선할 때 승선할 때의 몸무게를 유지할 수 있다.

유람선 휴가의 함정은 뷔페 라인이다. 끝없는 먹거리의 유혹을 물리친다는 건 말이 안 된다. 크루즈에서 몸무게를 유지하고 싶은 승객들은 푸드코트에서 녹색 음식을 고수해야 한다. 프린세스 크루즈는 가장 신선한 재료로 최고급 샐러드를 제공하며, 호라이즌 뷔페 코트(Horizon Court)에는 무한한 저칼로리 옵션을 갖추고 있다.

수영복으로 갈아입고 슬리퍼를 질질 끌면서 14층 데크로 올라갔다. 노천에서 따뜻한 물에 몸을 담그고 있으면 정말 휴식을 취하는 것 같다. 몸이 나른하다.

따뜻하고 깨끗한 민물이 가득한 스파(자구찌)에 몸을 담갔다. 7개의 구멍에서 거품을 쏟아내는 따뜻한 자구찌에서 몸을 녹이자니 일상이 무상(無常)하다. 세상은 평화롭고 덧없구나!

충분히 몸이 녹았다 싶어서 패딩 처리된 라운지의 선탠 베드에 비치 타올을 깔고 누웠다. 햇볕이 잘 드는 쪽에 누워서 눈을 감았다. 따뜻한 태양이 긴장을 풀어주니 마음이 평온하다. 수영장에서 한 시간을 소비하고 났더니 배가 다 꺼졌다. 먹고 싶은 햄버거를 먹을까? 말까? 망설이다가 프렌치 프라이는 빼고 치즈버거만 시켰다. 나이프로 반을 가른 다음 반만 먹었다. 꿀맛이 따로 없다.

아다치 박물관 정원(足立美術館 庭園)

사카이미나토 관광의 날이 밝았다.

투어 리스트로는 온종일 투어 6곳과 반나절 투어 6곳이 있는데 시간상 그중에서 한 곳밖에는 구경할 수 없다. 우리는 제1의 일본 정원과 송강성을 구경하기로 했다. 투어가격은 점심 포함 1인당 154.00달러다.

아다치 박물관의 소장품은 대략 1,000여 점이 된다. 춘하추동(春夏秋冬) 전시회를 열어 일반에게 공개하지만 실은 예술 작품보다 더 유명한 것은 박물관 정원이다. 일본 정원의 정수를 보기 위하여 세계에서 모여든다.

아다치 박물관에서는 여름 전시회(2023. 6. 1.~8. 30.)가 열리고 있었다. 이토 신수이의 그림으로 'Cool' 1940년 작품으로 팜플렛의 표지 일본화이다.

정원은 예술이다.

정원은 매일 다양하게 꾸며진다. 사실, 우리는 다시는 현재의 아름다운 모습을 볼 수 없을지도 모른다. 이것이 정원 전체가 항상 아름다움으로 가득 찬 이유다. 창시자 아다치 젠코는 '정원도 그림이다'라는 신념으로 91세의 나이로 세상을 떠날 때까지 정원 가꾸기에 몰두했다.

메마른 정원을 비롯한 총 16만 5,000m² 규모로 조성됐다. 계절

별로 다양한 변화를 보여주고 있으며, 주변 산과 잘 어울린다. 따라서 아다치의 정원은 '살아있는 일본 그림'이라고 말한다.

지난 20년 동안 일본 정원 랭킹 1위를 고수하고 있는 아다치 박물관 정원을 가 보았다. 정원의 순위는 크기나 명성보다는 정원의 미학과 분위기로 사람들의 관심을 끌기 위한 시도도 한몫한다. 이를 위해 일본, 미국, 호주의 전문가들이 일본 전역의 정원을 조사해 정원의 질, 정원과 건물의 균형, 방문객 지원 등을 종합적으로 판단해서 정원을 평가한 것이다.

아다치 미술관 정원 탄생의 비밀

박물관 설립자 아다치 젠코는 일찍부터 화가 요코야마 타이킨의 그림을 수집했다. 그동안 수집해 놓은 요코야마 타이킨의 그림으로 박물관을 열어놓고 어떻게 하면 1년 내내 방문객이 끊이지 않을까 고민했다. 드디어 아다치 젠코는 아이디어를 찾아냈다.

춘하추동(春夏秋冬) 변하는 계절을 담은 일본에서 가장 아름다운 일본 정원을 만들어 놓으면 방문객이 끊이지 않을 것이라 생각했다. 잘 꾸며놓은 일본 정원에 감탄하고 거장 요코야마 타이킨의 그림에 감동할 것이라고 믿었다.

아다치 젠코는 자기가 태어난 자리에 박물관을 설립했다.

부모님은 가난한 농부였고, 아다치는 학교에 다니지 못했다. 후일 상업으로 부를 이루면서 아다치의 미술품 수집은 매우 열정적이었다. 71세에 은퇴하고 고향으로 들어온 아다치는 드디어 박물관을 지었다. 그리고 정원을 조성했다. 그의 아이디어는 적중했다.

살아있는 액자 그림

이것은 창틀을 액자로 보는 '살아있는 액자 그림'이다. 아다치 젠코는 정원도 살아있는 그림이라고 말했다. 이 '살아있는' 그림은 계절의 변화와 햇빛의 변화에 따라 모습을 달리한다.

드라이 조경 정원

이것은 드라이 조경 정원의 돌 배치이다. 중앙에 배치된 세 개의 직립 바위는 가파른 산을 나타내며, 물이 앞에 있는 흰색 자갈로 떨어진다. 정원은 전통적인 건조한 조경 원에 방법으로 자연의 깊은 감각을 표현하기 위해 만들어졌다.

요코야마 타이칸의 대표작인 아름다운 소나무 해변을 모티브로 아다치 젠코는 이 정원을 만들기 위해 온 힘을 쏟았다. 하얀 자갈 언덕에는 크고 작은 소나무가 배치되어 있어 타이칸의 예술 세계를 성공적으로 대표하는 정원이다.

하얀 자갈과 소나무 정원

가을의 연못 정원

 이곳은 가을의 연못 정원으로 연못 표면에 햇빛과 그림자가 반사되어 보는 이에게 편안함을 준다. 앞쪽에는 특별히 준비한 찻잎으로 만든 녹차인 센차를 즐기기 위한 찻집 '세이후'가 있다. 이것은 다양한 나무와 돌 배열과 결합하여 고상함을 돋보이게 한다.

㉑ 유시엔(由志園: 유지원)에서 점심

'유지원'이란 원래 동산의 모습을 따라 조성한 정원이라는 의미이다. 정원이 먼저인지, 음식점이 먼저인지는 모르겠으나 정원과 음식점이 함께 어울리면서 시너지 효과를 발휘한다. '정원과 음식점' 또는 '정원과 박물관'이 잘 어울리면서 손님과 관객을 끌어들이는 효과가 있다. 일본식 영업 능력이라고 할 수 있다.

'유시엔'을 '지천회유식 일본정원(池泉徊遊式 日本庭園)'이라고 선전하는데, 풀어서 말하면 '샘이 솟는 일본 정원에서 노닐다'쯤 되겠다. 고급 식당을 '가든'이라고 하지 않던가.

사계절 철마다 색채를 달리하는 아름다운 정원을 배경으로 하는 '유시엔 정원'에는 따로 떨어진 식당이 '모미지테 식당', '쇼부 식당' 그리고 우리가 들어간 '젠 식당'이 있다. 찻집은 '이치보 찻집' 1곳이 있다. 우리 일행은 '젠 식당'에서 고급 일본식 점심상을 받았다.

일본 향토 음식이라고 차려놓았는데 일본 음식이 늘 그렇듯이 오목조목 가지 수는 많아도 실제로 먹을 것은 없는 밥상이다. 맛보다는 모양 위주의 점심은 먹으나 마나다.

점심을 먹고 정원을 산책하라는 데는 다 이유가 있었다.
음식보다는 정원이 더 그럴듯해 보였다.

계절	종류
봄	진달래, 모란, 영산홍, 석남, 작약, 붓꽃
여름	창포, 여름 동백, 백일홍, 수국, 수련화
가을	단풍, 물푸레나무, 산다화
겨울	겨울 모란, 죽절초, 백량금, 동백, 겨울 붓꽃

정원에는 개울물이 풍부했고, 물 위에 안개가 피었는데 물안개는 인공으로 피우고 있었다. 하기야 일본 정원 자체가 자연은 없고 인공으로 조성한 게 아닌가.

고엔궁(高円宮: 높고 둥근 집)

종이우산으로 꽃을 피웠다. 건물 안에는 1년 내내 모란꽃이 피는 온실이었다. 계절과 기후에 관계없이 꽃송이가 큰 모란을 언제든지 볼 수 있다.

정원이 엄청 넓어서 산책하는 길이 여러 개 있는데 길을 따라 걷다가 기념품점을 지나면 붉은 육교가 나온다.

'이치보' 찻집 창으로 내다보이는 정원

잘 꾸며진 이치보 찻집을 지나면 '유시엔'이 자랑하는 고려인삼이 나온다.

오래된 신문기사지만 신문에 이곳 야쓰카충에서 고려인삼 재배에 성공했다는 기사가 실려있다. 어쩌고저쩌고 하면서 오랜 연구 끝에 재배에 성공했다는 기사가 그럴듯하게 실려있다.

인삼이라는 게 토질에 따라서 약효가 달라지는 건데, 괜히 개성 고려인삼이라고 했겠는가? 괜히 금산인삼이 고가에 팔리겠는가? 여하튼 일본 사람들은 남의 것을 들여다가 감쪽같이 자기네 것으로 둔갑시키는 재주가 있는 사람들이다.

미국에서 라디오를 들려와서 트랜지스터로 변신시킨 것도 일본인이다. 아무튼 고려인삼을 현지화해서 열심히 팔고 있었다. 선전 문구도 그럴듯했다.

"이곳 야스카초(다이콘시마)는 세계가 인정하는 고려인삼의 산지다. 다이콘시마의 고려인삼은 세계의 일급품으로서 (진품이라고 하지 않은 것만도 다행이다) 높이 평가되어 그 대부분이 수출되고 있습니다(일본이 고려인삼이란 상표를 붙여 수출한다는 이야기다). '유시엔'의 매점에서는 인삼 엑기스를 비롯하여 차와 아이스크림 등 고려인삼을 활용한 상품을 판매하고 있습니다. 또한 '유시엔'의 각 식당에서는 고려인삼의 튀김 등을 먹을 수 있습니다."

마쓰에 성(松江城, Matsue Castle)

마쓰에 성(松江城, Matsue Castle)은 시마네현 마쓰에 시에 위치한 일본의 옛 성이다. 마쓰에 성은 '에도' 시대 초기에 마쓰에 도메인의 첫 번째 다이묘인 호리오 요시하루가 1607년부터 1611년까지 5년에 걸쳐 건설했다. 소유권은 1633년에 교고쿠의 이즈모 지부로 넘어갔고, 1637년에는 도쿠가와 일족인 마쓰다이라 지부로 넘어갔다. 마쓰다이라 가는 1927년에 마쓰에 성을 마쓰에 시에 기증했다.

마쓰에 성은 근대적인 콘크리트 재건축이 아닌 원래의 목조 형태로 유지되는 몇 안 되는 봉건적인 일본 성 중의 하나다. 봉건 일본의 마지막 대전쟁 이후에 지어진 이 건물은 지진, 화재, 전쟁 등 많은 이변이 있을 때마다 파괴 및 소실에서 살아남은 일본 고유의 성이다.

그러나 메이지 초기에 많은 부속 건물이 철거되어 오늘날에는 타워 건물과 돌담만 남았다. 신지 호숫가에 있는 마쓰에 성은 일본

국보 송강성(國寶 松江城)

의 3대 성 중 하나다.

일본에 남아있는 100개 이상의 성 중 산인 지역에 남아있는 옛 성은 마쓰에 성뿐이다. 이 성은 두 번째로 크고, 세 번째로 높으며 (30m), 그 많은 성 중에서 여섯 번째로 오래된 성이다.

1875년에 성내의 모든 부속 건물은 해체되고 성 타워만 남았다. 그것도 1950년과 1955년 사이에 완전히 재건되었다. 성은 망루 스타일로 지어진 복잡한 구조로 외부에서 5층으로 보이지만 실제로는 내부에 6층이다. 성의 벽은 대부분 검은색으로 칠해져 있다. 그것은 전쟁에 견딜 수 있도록 지어진 강력한 구조이지만 동시에 모모 야마 스타일을 연상케 하는 장엄하고 엄숙함을 의미한다.

성 내부 6층에서 내려다보면 마쓰에 시가 한눈에 보인다.

마쓰에 성은 고대 망루 형식의 성이다.

　가장 높은 5층에서는 360도 전망이 한눈에 들어온다. 어떤 장애물도 없어서 적의 동태를 관찰하기에 유리하게 설계되었다. 마쓰에 성 망루는 고대 초기 형태의 망루로 분류된다.

　기와지붕의 맨 꼭대기 양쪽 끝에 샤치호코가 있다. 샤치호코는 우리 말로 치미 장식이다. 치미는 건물을 위풍당당하고 세련된 기품이 느껴지게 하는 최종 장식이다.

　마쓰에 성의 샤치호코는 높이가 210cm나 되는 거대한 치미 장식이다. 지금까지 남아있는 12개 성 중에서 가장 큰 치미다. 최근 수리하면서 오리지날 치미는 지하창고에 보관해 놓았고 지금 얹어 놓은 치미는 모조품이다.

　마쓰에 성 3층의 창문은 꽃의 모양으로 디자인되어 있다. 미를 살리기 위함이다. 성은 가장 단단한 검은 재목으로 지었다. 이 성은 방어를 목적으로 정문을 철문으로 달았으며, 입구에 들어서면 2개의 방이 있어서 성문을 열고 들어서도 공격받게 설계된 건축물이다.

23
팁은 줘야 하나? 말아야 하나?

사카이미나토를 출발한 크루즈는 부산항으로 향했다. 부산에서의 육지 관광은 3개 상품이 있는데 경주 관광이 점심 포함 144.95달러, 영주사 관광이 89.95달러, 마지막으로 한국 사우나 체험과 자갈치 시장 관광이 99.95달러다.

우리는 모두 다녀본 곳이어서 개인으로 관광에 나서기로 했다. 문제는 크루즈 터미널에서 전철역까지 가는 거리였다. 지도상에는 그리 먼 것 같지 않았는데 막상 걸었더니 그게 아니다. 아무튼 계획한 대로 헌책방 골목을 훑어봤고 국제시장에서 점심을 먹었다.

스튜워드(Steward, 객실 청소 담당)

일반적으로 스튜워드라고 부르지만, 사실은 Cabin Steward나 Stewardess가 정식 명칭이다. 크루즈에 따라 다르게 부르기도 한다(예: Cabin Attendant).

스튜워드는 아침과 저녁, 하루에 두 번 객실을 청소해 준다. 객실 청소만 하는 게 아니라 사용한 물건을 갈아주기도 하고 채워주기도 한다. 실제로 아는 것도 많아서 궁금한 것을 물어보면 잘 가르쳐 준다. 만약 필요하거나 잊어먹고 안 가지고 온 것이 있으면 스튜워드가 도와주기도 한다.

아침 식사 후에 오면 객실을 청소해 놓고, 저녁 식사 후에 오면 침대를 잠자리로 정돈해 놓는다. 잠자리를 정돈할 때는 매일 밤 목욕 수건으로 각기 다른 동물 모양을 만들어 놓아 손님에게 감동을 준다. 정돈 후에는 초콜릿 2개를 놓고 가는 것도 잊지 않는다. 서비스로 고객을 감동하게 하려는 노력이 역력해 보였다. 스튜워드는 웃으면서 청소하지만, 관리 감독도 한다.

팁(Tip, 봉사료)에 관한 부분은 크루즈 라인마다 다르다. 어떤 크

루즈 라인은 미리 팁을 계산해서 예약과 동시에 지불을 요구하는 라인이 있는가 하면, 나중에 각자 계산해서 내라는 크루즈 라인도 있다.

크루즈에는 다양한 일에 종사하는 여러 승무원이 있다. 승무원들의 서비스를 받은 다음에는 팁을 줘야 한다. 물론 스위트룸은 팁을 별도로 줄 필요가 없다. 그러나 그 외의 객실 여행객은 객실을 담당한 스튜워드나 저녁 식당에서 서브해 주는 웨이터와 보조 웨이터에게는 별도로 팁을 주는 것이 좋다. 스튜워드들은 자신이 담당한 여행객을 위해서 진심으로 봉사하고 있다는 것이 눈에 보인다.

크루즈 예약 시 팁이 포함되어 있지 않았을 경우, 보통 크루즈 여행의 마지막 날이 되면 하루당 팁을 얼마씩으로 계산해서 봉투에 넣어서 주면 된다. 미리 팁을 지불했지만, 나중에 고마워서 팁을 별도로 주는 경우도 있다. 그때는 계산해서 줄 것이 아니라 성의껏 주면 된다. 보통 20~40달러 정도의 비용이다.

5년 전에 파나마 운하 크루즈 여행을 할 때와는 달리 일본은 동양권이 돼서 팁 문화가 없다. 예약에 포함된 팁 외에 별도로 팁을 주지 않았다.

기항지에서 육지 관광에 나서면 서구 같으면 관광버스 기사와 안내인에게 개인적으로 팁을 줘야 한다. 투어가 끝나고 버스에서 내릴 때 안내원이 버스 문 앞에서 내리는 손님에게 일일이 인사한다. 그때 3~4달러 내지는 5달러를 안내인 손에 슬며시 쥐어주면 된다.

하지만 일본에서는 그런 팁 문화가 존재하지 않았다. 물론 일본인 버스 기사나 안내인도 팁을 준다고 해서 마다하지는 않겠지만 아무도 주는 사람이 없는데 내가 나설 이유는 없었다. 특별히 팁을 주려고 하는데 $100짜리만 있고 잔돈이 없을 경우 크루즈 메인 로비 그랜드 프라자에 있는 안내 데스크에서 바꾸면 된다. 그곳에서는 항상 잔돈을 준비하고 있다가 바꿔준다.

24
크루즈 객실에서 해서는
안 되는 12가지

(1) 크루즈 내에서는 원칙적으로 금연이다. 화재의 위험 때문이다. 객실은 물론이려니와 개인 발코니에서도 금연이다. 크루즈마다 지정 흡연실이 있으니 흡연자는 미리 알아두는 것이 좋다.

(2) 촛불을 켜거나 버너(Burner), 전기 주전자나 냄비 등을 사용하면 안 된다.

(3) 헤어드라이어는 화장실에 비치되어 있는 헤어드라이어를 사용해야 한다. 개인이 가져간 헤어드라이어를 사용할 때, 화장실에 있는 면도기용 전기 아웃렛에 연결하면 안 된다. 화장실의 전기 아웃렛은 전압이 약해서 헤어드라이어를 끼면 퓨즈가 나가버린다.

(4) 객실에서 싸우지 마라. 객실과 객실 사이의 벽은 매우 얇아서 작은 소리도 옆방에 들린다. 대화할 때도 목소리를 낮추는 것이 좋고 새벽에 TV를 보는 것도 소리를 낮춰서 옆방 승객을 고려해야 한다.

(5) 객실에서 알몸으로 행동하지 마라. 부두에는 여러 크루즈가 함께 정박해 있다. 외부 크루즈에서 볼 수도 있고, 항구 사람들 눈에 띌 수도 있다. 누군가의 눈에 띄면 사진으로 찍힐 수도 있다.

(6) 발코니 유리 미닫이문을 열어놓지 마라. 발코니 문을 열어놓으면 더운 공기의 유입으로 에어컨이 계속해서 작동한다. 이는 에너지 낭비로 이어진다. 때로는 연기탐지기 오작동으로 이어질 수도 있다. 발코니 유리 미닫이문은 정박 시나 운행 시에 반드시 닫아 놓아야 한다.

(7) 발코니에다가 젖은 수영복이나 빨래를 널어놓지 마라. 본인은 좋은 아이디어라고 생각하고 널어놓지만, 크루즈 직원들의 업무에 지장이 생길 수도 있다. 바다 소금기를 제거하기 위하여 수시로 이뤄지는 발코니 물청소에 방해가 되기도 하고, 마른 빨래는 화재의 위험도 있다.

(8) 객실을 너무 많이 어지럽히지 마라. 여행 가방을 바닥에 내려놓고 활짝 열어놓았다든지 사들인 기념품들을 여기저기 늘어놓는다면, 자다 일어나 움직일 때 어두운 곳에서 다칠 수도 있고, 청소하는 스튜워드가 어느 것이 중요한 물건이고 어느 것이 쓰레기인지 구별하기도 어렵다. 객실은 늘 스스로 정리해 놓는 것이 좋다.

(9) 특별히 창문이 없는 객실에서는 향수나 머리 스프레이를 너무 많이 뿌리지 마라. 공기 순환이 잘 안 되기 때문에 향기가 침대와 옷에 스며든다. 이런 상태에서 객실 문을 열면 그 냄새가 복도로

새어 나와 다른 사람들을 불쾌하게 한다(특히 한국인은 김치나 반찬 냄새를 유의하는 것이 좋다).

(10) 크루즈 내에 비치된 목욕용 가운이나 수건을 가져가지 마라. 크루즈에서 부풀린 가격으로 당신에게 비용을 청구할 것이다. 책상 위의 볼펜이나 샤워장의 샴푸 정도는 괜찮다.

(11) 벽이나 문에 테이프를 붙이지 마라. 테이프를 붙였다 떼면 페인트가 같이 떨어진다. 객실에 작은 파손도 내서는 안 된다. 벽이나 문이 철근으로 되어있으니 그곳에 자석을 이용해서 붙였다 떼는 것은 괜찮다.

(12) 객실 금고에 넣어두었던 여권이나 비자 카드 등은 반드시 챙겨 하선해야 함을 명심해야 한다.

25 긴카쿠지(금각사)

긴카쿠지(금각사)

볼거리는 교토에 몰려있어서 교토 관광지로 향했다. 오사카에서 교토까지는 관광버스로 90분 정도 걸렸다. 올데이 코스가 아홉 가지나 되고, 반나절 코스도 여섯 가지나 됐다. 우리는 그중에서 금각사, 용안사, 대나무숲(Golden Pavillion, Ryoanji, Bamboo Forest) 관광을 선택했다.

아시카가 요시미츠가 상상했던 천국

원래 사찰 명칭은 '금각녹원사(金閣鹿苑寺)'인데 유적 '킨카쿠지'가 특히 유명하여 흔히 긴카쿠지(금각사)라고 부른다. 1367년 가마쿠라 시대에 무로마치 막부의 3대 쇼군 아시카가 요시미쓰가 궁정 귀족인 기미쓰네 사이온지의 별장을 이어받아 산성 별장 기타야마도노를 지었다고 전해진다.

금각(금색의 높은 집)을 중심으로 한 사슴 정원은 이 세상 천국의 정토를 대표했다. 중국과의 교역이 번성하던 때에 중국 사신을 초빙하여 문화 발전에 기여한 무대였다. 이 시기의 문화는 특히 기타야마 문화라고 불린다.

요시미쓰가 죽은 후 그의 뜻에 따라 절이 되었고, 요시미쓰의 불교명인 로쿠온인도노에서 두 글자를 따서 로쿠온지(Rokuon-ji: 鹿苑寺: 사슴 동산 절)라고 명명되었다. 금각사는 선종(禪宗)에 속하는데 선종은 참선(參禪)을 통한 자기 성찰로 깨달음을 얻는다고 믿는다.

여담이지만 예전에 젊은 작가의 단편을 읽은 기억이 난다. 작가와 제목은 기억나지 않지만, 스토리는 이러했다. 무더운 여름날 젊은 여자가 혼자서 교토를 여행했다. 택시 기사에게 금각사에 가자고 했는데 막상 택시에서 내리고 보니 은각사였다. 택시 기사가 금각사를 은각사로 잘못 알아들었기 때문이다.

아이러니한 것은 금각사와 은각사의 거리는 그리 멀지 않고, '킨카쿠지'와 '긴카쿠지'를 외국인의 발음으로 구분해서 발음한다는 게 쉽지 않다는 사실이다.

킨카쿠지(금각사: 金閣寺), 긴카쿠지(은각사: 銀閣寺)

금각사는 행복을 가져오고 은각사는 행운을 가져온다더니, 은각사로 잘못 들어선 발걸음이 새로운 남자 친구를 만나는 계기가 되었다는 스토리였다.

점심 식사 후에는 사가노 대나무숲을 걸었다. 대략 3km를 걸었는데 관광객이 정말 많았다. 대나무는 토질과 기후 조건이 맞는 곳에서 자라는데 교토의 기후가 맞는 모양이다. 대나무 숲이 $16km^2$, 여의도 면적의 5배가 넘는다.

료안지(龍安寺: 용안사: Ryoanji Temple)가 자랑하는 석정(石庭)

일반적인 정원, 아름다운 꽃과 나무와 잔디가 어우러진 정원의 개념을 완전히 깨어버린 획기적인 정원이다. 강가의 자갈밭을 보고 새로운 정원을 찾아낸 것 같은 돌정원이다.

석정과 마주한 다다미 방의 미닫이 문에 용의 그림이 있다. 9마리의 용의 그림이 있는데 용의 탄생에서 마지막까지 생애를 그린 그림이다. 그림은 Mr. Morihiro Hosokawa의 작품이다. 화백은 전 일본 총리를 지냈고, 용안사를 창건한 Hosokawa Katsumoto의 18대 장손이라고 했다. 사찰 창건 550주년을 기념해서 기증한 그림이라고 쓰여있다.

26

크루즈 선상에서
돈을 절약할 수 있는 팁 9가지

크루즈 여행은 이미 경비를 지출했으니 더는 돈 들어갈 일이 없지 않으냐? 하고 생각할 것이다. 맞는 말이다. 하지만 돈을 쓰려 들면 모든 것을 공짜로 주는 크루즈에서도 돈 쓸 구멍이 생기기 마련이다. 크루스 선상에서 돈을 절약하는 방법을 이야기하자.

크루즈 여행에서 처음에 지불한 비용에는 객실과 식사, 스낵, 과외 활동, 오락과 여흥에 대한 비용이 포함되어 있다. 그러나 개인 선택(Option)은 별도로 비용을 지불해야 한다. 해당 비용은 선상에서 발급받은 메달리온으로 결제 가능하며, 결제 후에는 하선할 때 계산서를 받게 된다.

선상에서 옵션으로 이용 가능한 것들은 스파숍, 헤어살롱(Hair salon), 일본식 목욕탕 등에서 마사지를 받는다거나 특별 식당에서, 스테이크 하우스에서 저녁을 즐긴다거나, 일본 스시바, 이탈리아식 식사 혹은 바나 라운지에서 술을 마시는 것 등이 있다. 이를 이용하면 메달리온으로 비용을 결제해야 한다. 인터넷 사용을 신청하거나 사진사가 찍어준 기념사진을 찾을 때도 메달리온으로 결제해야 한다. 이처럼 크루즈 여행에서는 항상 이런저런 가외의 경비가 발생한다는 것을 미리 염두에 둬야 한다.

그 때문에, 크루즈 여행을 하며 지갑을 분명히 닫으려면 공짜 쇼를 즐기고, 수영장 근처 라운지를 이용하고, 정해진 식당에서 식사하고, 뷔페도 이용하고, 아이스 티를 마시면서 크루즈를 즐기면 된다.

가외의 비용을 안 쓰고도 크루즈 여행은 얼마든지 만끽할 수 있다.

하지만 돈을 특별히 많이 들이지 않고도 유료 레스토랑이나 라운지를 즐길 수 있는 여러 가지의 방법이 있다. 그 방법은 다음과 같다.

매일 발행하는 일정 소식지를 자세히 살펴보면 스페셜 딜(Deal)이 있기 마련이다. 가끔 스페셜 딜이 기재되는 여러 가지 팁을 살펴보자.

(1) 유료 레스토랑 이용 시에는 디스카운트 나이트를 이용하는 것이 좋다.

모든 크루즈가 다 같은 건 아니지만, 돈을 내고 먹는 특별 레스토랑인 '이탈리아 레스토랑', '스테이크 하우스', '일식 스시집' 등의 고급 레스토랑에서 간혹 디스카운트 나이트(Discount night)를 실행할 때가 있다. 디스카운트 나이트는 말 그대로 식사 비용을 할인해 주는 것으로, 이때 레스토랑을 이용하면 돈을 절약한다. 점심을 디스카운트해 주는 날도 있고, 와인 한 병을 공짜로 서브해 주는 디너도 있다.

(2) 스파, 마사지는 비용이 저렴한 시간대를 이용하라.

크루즈 선상에서 스파, 마사지를 받으려면 그 비용이 매우 비싼

편에 속한다. 그러나 크루즈가 항구에 입항해 있는 날은 거의 모든 승객이 외부로 관광차 나가기 때문에 고객이 없는 관계로 비용이 저렴하다. 또는 바쁘지 않은 시간대에 받는 간단한 마사지 역시 비용이 상대적으로 저렴하다. 스파숍에 문의하거나 일정 소식지를 살펴보아라.

(3) 필요 이상의 팁은 금물이다.

지금은 거의 모든 크루즈 라인이 계산서에 객실 스튜워드와 식당 웨이터에게 지급하는 팁을 이미 포함하고 있다. 바에서 마시는 술값에는 이미 15~18% 정도의 팁이 포함되어 있고, 스파나 피트니스도 물론이다.

서비스를 잘해주었다거나 추가적인 대우를 받고 싶어서 팁을 주는 것은 언제든 환영이다. 그러나 여행자들이 아무런 생각 없이 계산서 하단의 비어있는 공간에 '15% add' 하라고 사인하는 것은 팁을 두 번 주는 것이 되니 주의하자.

(4) 크루즈 투어의 장단점을 파악해 때에 맞게 이용하라.

크루즈 라인은 항구에 입항할 때마다 승객들에게 자신들이 운영하는 투어에 합류하라고 권한다. 크루즈 라인이 운영하는 투어의 장점은 관광의 질이 어느 정도 보장된다는 것과 크루즈 출항시간을 엄격히 지킨다는 점이다. 대신 가격이 높게 책정되어 있다. 반면,

단점은 많은 인원 때문에 이동이 민첩하지 못하고 제대로 구경하기 어렵다는 점이다.

해외 관광에 익숙한 사람은 돈을 절약하고 싶으면 하선 후에 개별적으로 현지 투어를 선택하는 방법이 있다. 비교적 작은 도시에서 써먹을 수 있는 방법이다. 특히 캐리비언 투어의 경우 이런 방법이 가능하다. 그러나 대도시, 예를 들어 러시아(Russia) 상트 페테르부르크(Saint Petersburg) 같은 곳에서는 크루즈 라인이 운영하는 투어에 가담해야 대형 버스로 먼 곳까지 둘러볼 수 있다.

(5) 바다에서는 전화나 인터넷을 단절하라.

아직도 크루즈 선상에서 객실 전화나 스마트폰으로 육지와 통화하는 것은 터무니없이 비싼 가격을 요한다. 선상에는 인터넷이 갖춰져 있으나 사용료가 너무 높다. 미국 달러로 분당 1달러, 혹은 패키지 딜(Package Deal)로 이용해도 비싸다. 휴가를 마음 놓고 즐기는 면에서도 그렇지만 전자기기는 당분간 차단해 놓는 것이 금전적으로 절약할 수 있는 길이다.

만일 반드시 이메일(e-mail)을 이용해야 할 일이 있다면 인터넷방에 가서 문의해 보고 결정하는 게 좋다. 아니면 기다렸다가 다음 항구에 입항하면, 또는 연안을 항해할 때 인터넷이 가능함으로 때를 기다리는 게 낫다.

(6) 음료 비용 가격을 절약해라.

크루즈 선상에서 병 생수와 소다(예: 탄산음료 등)는 개별적으로 사 마셔야 하는데 가격이 비싸다. 소다를 자주 마시는 사람은 미리 팩을 준비해서 가져가는 것도 생각해 볼 일이다. 여행 시 마호병을 들고 다니는 것도 한 방법이다. 식당에서 식수를 담아다가 마신다.

어떤 크루즈는 소다 패키지, 와인 또는 드링크(Drink) 패키지를 구매하라고 하는 곳도 있다. 항구에 입항할 때마다 자신이 마실 음료수를 사 들고 들어오는 것도 하나의 방법이다. 케이스로 들고 들어가는 것이 아니라면 얼마든지 허용된다.

(7) 공짜 드링크를 즐겨라.

어느 크루즈에서나 '해피 아워(Happy Hour, 하루 중 고객이 붐비지 않은 시간대를 이용하여 저렴한 가격, 또는 무료로 음료 및 스낵 등을 제공하는 서비스)'가 있기 마련이다. '해피 아워' 시간을 맞춰 그곳에 가면 칵테일을 반 가격에 즐길 수 있고, 소다는 거저 주기도 한다. 아니면 '오늘의 드링크' 역시 찾아볼 만하다. 드링크를 4개 구입하면 하나는 공짜로 주는 곳도 있다. 화랑에서 미술 전시회나 경매를 할 때는 샴페인을 거저 제공하기도 한다.

(8) 와인을 주문했다면 다음의 방법을 이용하라.

저녁 식사 시간에 와인을 한 잔 주문하면 가격이 비싸다. 반드시 와인을 마셔야 하는 사람은 한 병을 주문해 놓고 매일 저녁 한 잔씩 마시면 된다. 웨이터에게 한 잔만 따르고 나머지는 병채로 보관했다가 다음 날 저녁에 달라고 하면 된다.

물론 와인 값이 부풀린 가격임은 분명하다. 이처럼 크루즈 여행 시에 돈을 쓰려고 하면 한도 끝도 없지만, 절약하려고 마음먹는다면 최소한의 비용으로도 남들만큼 즐길 수 있다. 마지막으로 비용과는 무관하지만 하나의 팁을 더 말하고자 한다.

(9) 빙고나 카지노에서 잭팟을 기대하지 마라.

빙고 게임은 기계가 돌리는데, 이 기계는 사람이 조작해 놓은 대로 움직인다. 결국, 게임 비용만 많이 들고 실소득은 없다. 카지노 슬롯머신 역시 확률을 조작해 놓아 잭팟은 상상도 할 수 없다. 동전을 밀어내는 기계 또한 마찬가지다. 뭉칫돈이 떨어질 만큼 앞으로 다가오면 거꾸로 밀어 넣는 장치가 있어서 원위치로 되돌려 놓는다. 카지노에서는 손님을 유인하기 위해 몇몇 슬롯머신에서 흡연을 허용하기도 한다.

현명한 체중 관리 팁 9가지

크루즈 여행의 백미는 혀끝을 자극하는 먹거리의 향연이다.

온 세상의 맛있다는 음식은 모두 차려놓고 마음껏 먹어보라는 놀이터처럼 여행객들을 가혹하게 유혹한다. 여행객들은 음식이 주는 달콤하고 입 안에서 녹아날 것 같은 감미로움에 매혹되지 않을 수 없다.

이처럼 크루즈 여행에서 제공되는 음식은 매우 풍부하고 다양해서 여행객들은 식탐을 시험당하는 이 전쟁터에서 전사로서 어떻게 처신해야 할지 심히 괴롭다. 입이 즐거워하는 만큼 체중과의 싸움이 치열해지기 때문이다.

식탐은 금물이다. 크루즈 여행에서는 맛있는 음식과 보기 좋은 떡이 많아서 먹으려 들면 끝이 없다. 이에 크루즈 여행에서 현명하게 체중 관리를 할 수 있는 9가지의 팁을 소개한다.

(1) 레스토랑을 이용하라.

크루즈에는 듣도 보도 못한 음식들이 가득하다. 뷔페, 디저트, 피자, 치즈버거, 아이스크림, 초콜릿 케이크 등. 그러나 동시에 건강한 음식도 그만큼 많다. 아침과 저녁 식사는 뷔페에 가지 말고 정식 레스토랑에서 주문해서 먹어라. 뷔페에 가면 무심결에 이것저것 집어 먹게 된다. 레스토랑에서 주문하게 되면 상대적으로 신경을 더 써서 골라 먹게 된다.

(2) 점심은 뷔페에서 먹는다.

뷔페를 이용하는 것은 샐러드를 마음껏 먹을 수 있기 때문이다. 크루즈 여행에서는 늘 채소 섭취가 부족하기 마련이다. 충분한 채소 섭취를 위해 뷔페에서 샐러드 두 접시로 점심을 대신하는 것이 좋다. 오트밀과 과일을 곁들인 식사를 추천한다.

(3) 스파숍 음식을 피하라.

수영장 근처의 오픈 스카이 데크에 있는 스파숍에서는 늘 먹음직스러운 음식을 즉석에서 만들어서 제공한다. 치즈버거, 프렌치 프라이, 피자, 아이스크림 등의 음식들과 달콤한 쥬스를 무료로 제공한다. 조금 참았다가 레스토랑에서 정식 만찬을 즐기는 것이 좋다.

(4) 레스토랑에서는 주로 해산물(Sea food)을 선택하라.

레스토랑 메뉴에는 육류와 해산물이 있기 마련이다. 육류보다는 해산물을 선택하는 것이 당연히 건강에 더 좋다. 입항해서 관광길에 나서더라도 생선을 위주로 한 음식을 선택하면 가격도 저렴하고 맛도 즐길 수 있다.

(5) 마시는 음료는 물과 아이스티로 대신한다.

캔 음료수나 설탕이 첨가된 음료는 피하는 것이 좋다. 또한, 드링크 패키지를 사놓으면 왠지 공짜라는 기분에 안 마셔도 될 때도 마시는 경우가 종종 생긴다. 이런 경우는 자제하는 것이 좋다. 또한, 칵테일에도 당이 들어있다. 만약 피나 콜라다(Pina colada)가 마시고 싶으면 가볍게 한 잔만 마셔라. 물론 만찬에서 마시는 와인 한 잔은 예외다.

(6) 여행 가방에 운동화와 운동복을 챙겨라.

아무리 음식을 가려서 먹었다 해도 에너지의 소비가 없으면 헛일이다. 적절한 음식 섭취와 운동을 통해 늘 체중의 균형을 맞춰야 한다. 피트니스 센터(Fitness center)에서 30분 이상 달리든가, 체육관(Gym)에서 운동하는 것이 체중 조절에 필수다. 그리고 시간 날 때마다 7층 프로멘데이드 데크(Promenade Deck) 트랙 걷는 것을 잊지 마라. 최소한 하루에 30분 속보로 걷기를 게을리해서는 안 된다.

(7) 크루즈 내에서 이동 시에는 계단을 이용하라.

크루즈에는 엘리베이터가 여러 개가 있는데, 이를 이용하는 대신 계단으로 걸어 다니는 것이 좋다. 적은 운동량이 합쳐져 큰 효과를 얻을 수 있다.

(8) 만보기를 이용하라.

휴대폰을 지참하고 다니면 온종일 얼마를 걸었는지 알 수 있다. 알고 있는 것과 모르고 있는 것은 결과에 큰 영향을 미친다. 나는 크루즈 여행 시에 이러한 방법을 꼭 실천하는 편이다. 그 결과 크루즈 여행을 하는 10일 동안 양식만 먹었어도 집에 와서 체중을 재보면 변화가 없었다.

(9) 특별 식단 이용

프린세스 크루즈 라인은 저나트륨 식이요법, 저지방 식단 및 채식 식단과 같은 특별식을 요구에 따라 제공한다. 체중 관리를 위해서 적극적으로 이용할 수도 있다.

㉘ '이세 신궁(伊勢神宮)' 관광

신락전(神楽殿)

오사카에서 저녁 6시 30분에 출발한 크루즈는 다음 날 아침 7시 토바시에 도착했다. 토바시(鳥羽市: 조우시: Toba)는 이세만(伊勢滿) 입구에 있는 작은 항구여서 접안 시설이 갖춰있지 않았다. 크루즈는 연안에 정박해 있고 승객을 텐더(셔틀 보트)로 태워 나르느라고 바빴다.

많은 승객이 한꺼번에 육지에 나가야 하니까 자연히 좁은 갱웨이가 붐빈다. 크루즈 직원들은 질서를 유지하기 위하여 승객들을 넓은 극장에 대기시켜 놓고 투어 번호에 따라 순번대로 나갔다.

우리 부부는 '이세 신궁(伊勢神宮)' 반나절 투어에 조인했더니 10시 출발이다. 극장에서 한참을 기다려야 했다. 기다리는 동안 승객들이 지루하지 않게 직원이 무대에 올라가 이런저런 이야기를 들려준다. 영국인 직원은 지난 코로나 팬데믹 기간에 크루즈 생활을 이야기했다.

"평상시 크루즈가 운행할 때 1,000명이던 직원을 크루즈가 3년 동안 정박해 있는 기간에 직원을 100명으로 줄였어요. 선박의 기계들은 사용하지 않으면 녹슬고 버려지고요. 모든 기능을 유지하기 위하여 최소한으로 작동했어요. 심지어 매일 한 번씩 각 객실에 들어가 수도를 틀고 샤워도 틀고 변기를 눌러 물을 흐르게 해야 하는 직원도 있었어요. 3년 동안 매일 1,400개의 객실을 돌아다니면서 변기를 눌러 보려면 팔죽지가 늘어난다"라며 죽어가는 시늉을 했다."

코로나 팬데믹으로 죽은 사람도 많다만, 크루즈 산업이야말로 3년을 버티느라고 얼마나 힘들었겠나 하는 생각이 절로 들었다.

텐더를 타고 항만으로 향했다.
관광버스로 갈아타고 우리가 간 곳은 '이세 신궁'이다.
이세 신궁은 일본인들이 평생에 한 번은 가보고 싶어 하는 곳으로 꼽는다. 더군다나 신년에는 소원을 빌기 위한 사람들로 발 디딜 틈도 없는 곳이다. 사실 일본여행에서 꼭 가봐야 할 곳이 일본의 정신적 성지 이세 신궁이지만 육지에서 이세 시까지 가기에는 여간 버거운 일이 아니다. 이런 현실을 감안해서 크루즈가 이세 신궁이 가까운 토바 항에 정박해서 일본인들의 평생 소원을 쉽게 풀어주는 혜택에 우리 부부가 동승했다는 것은 행운이라면 행운이다.

일본은 풍부한 문화유산을 잘 보존, 간직하고 있다는 게 부럽다. '이세 신궁'은 일본에 8만 곳이 넘는 신사 중에서 본영이다. 사실 신사는 신토 종교의 사찰이다. 토바 시가 위치한 시마 반도는 반도 전체가 멋진 경관과 평화로운 숲을 지녔기에 일본 정부에서 '이세 시마 국립 공원'으로 지정한 곳이다.
일본인들의 정신적 지주인 신사 중에서 가장 신성한 신궁도 시마 반도에 있어서 종교적인 순례에서부터 홍미진진한 테마파크에 이르기까지 여행자들을 위한 모든 게 집약되어 있다.

이세 진구 나이쿠(Ise Jingu Naiku: 伊勢神宮: 이세 신궁)는 내궁(內宮: Inner Sanctuary)과 외궁(外宮)이 있는데 내궁은 황대 신궁(皇大神宮)이라고 해서 일본 신사의 총본산이다. 일본이 말하는 태양 즉 천황의 가문을 모신 곳이다. 외궁(外宮)은 풍수대신궁(豊受大神宮)으로 풍년을 기원하는 신을 모신 곳이다. 외궁은 볼 게 없고 내궁이 볼 만하다고 해서 관광객들은 내궁만 본다. 궁마다 정궁이 있고, 별궁이 14개나 된다.

내궁으로 들어가는 '도리이'이다. 도리이는 흔히 붉은색으로 칠하며, 신사의 신성한 공간과 평범한 공간의 경계를 나타내는데, 이세 신사는 격을 높여서 이세 신궁으로 불리며 이세 신궁은 나무의 원색을 그대로 유지함으로써 운치를 살렸다. 이세 신궁의 건축물에 쓰이는 재목은 광택제를 바르지 않은 편백나무로 짓는다.

실은 이 도리이 나무는 20년 동안 내궁 본전의 석가래였던 재목을 재활용한 것이다. 도리이와 나란히 맨 오른쪽에 황대신궁 내궁(皇大神宮 內宮)에 관한 설명이 일본 글로 적혀있고 그다음에 길쭉한 팻말이 하승(下乘)이라고 적혀있다. 도리이 중앙에는 '우측 통행'이라는 팻말이 우뚝 서 있는데 일본인들의 친절(?)이 지나친다는 생각이 들었다. 도리이를 지나면 '우지교'라는 목조 다리를 건너게 된다.

내궁으로 올라가는 층계, 여기서부터 사진 촬영은 금지다. 궁이라고 해서 으리으리한 게 아니라 허술하기 짝이 없다. 허술한 건물이기 때문에 20년 주기로 허물고 새로 짓는다.

일본인들에게 종교적으로 가장 중요하고 신성시하는 이세 신궁(神宮)의 내궁이다. 일본인들은 이세 신궁 내궁 답사를 일본 영혼과 정신에 좀 더 가까이 다가갈 수 있는 특별한 기회라고 여긴다.

내궁은 연중 내내 일본인들의 인파가 붐비는 곳이다. 특히 새해 명절에는 인산인해를 이룬다. 많은 일본인이 이세 신궁 내궁을 찾아 행운의 새해가 되기를 기원하곤 한다. 실제 많은 일본인은 일생에 최소한 1회 정도는 이세 신궁 내궁 순례길에 오르며, 새해 명절은 더욱 특별히 상서로운 시기로 여기고 있다.

특이한 것은 식년천궁(式年遷宮)이라고 해서 이세 신궁을 20년 주기로 천궁을 하는데, 천궁한다는 것은 궁을 허물고 새로 짓는다는 뜻이다. 2013년 10월에 62번째 천궁이 있었다. 이를 위해 2백 년, 3백 년 뒤에 사용할 편백나무를 미리 심어둔다. 홀수 번째 천궁 때는 동쪽 부지로, 짝수 번째 천궁 때는 서쪽 부지로 옮겨 짓는다.

식년천궁은 고대로부터 이어져 내려온 건축 기법을 현대에도 고수하고 있다. 「죽기 전에 꼭 봐야 할 세계 건축 1001」이라는 책에도 '이세 신궁'이 들어있다고 한다. 아이러니한 것은 고대의 건축 기법을 이어오기 때문에 세계에서 고대 건축 기법을 살펴볼 수 있는 유일한 건물이라고 한다.

곧 헐릴 낡은 건물과 새로 지은 새 건물

새로 지은 카구라덴(신락전) 특별 기도실이다.

'신락전(神楽殿)'

'카구라' 노래와 춤을 공연하는 신락전은 내궁 참배에 온 사람들이 기도하고 부적을 공양하고 소원을 빌기도 한다.

신락전 옆에 부적을 구입해서 정문으로 들어가 접수하는 곳이 있다. 지금은 한산하지만, 연초에는 소원을 비는 일본인들로 줄이 길게 늘어선다.

오카게 요코초(Okage Yokocho)

이세 신궁 내궁 앞에 있는 '오카게 요코쵸'는 옛날에나 지금이나 이세 신궁의 참배객들로 활기 넘치는 거리다. 현재는 에도 시대부터 메이지 시대까지의 건축물을 재현 개축한, 고풍스럽고 옛 정취가 흠뻑 밴 흥미로운 거리로 인기 명소다. '아카후쿠(이세의 명물 떡)'를 시작으로 다양한 이세의 명물을 즐길 수 있는 음식점이나 선물 가게도 여기저기에 다양하게 있다.

어묵과 Corn dog, Hot dog 파는 집

스타벅스 커피숍도 있어서 미국인 부부가 신기한 듯 사진 촬영을 한다.

골목 안 수누피 찻집

    수세기 동안 순례자와 관광객들로 붐비던 거리는 오늘이라고 해서 예외는 아니었다. 양산을 썼지만 날씨가 더워서 빙수집에 들러 빙수를 시켰다. 이 지역 특산물로는 떡밥과 팥으로 만든 일본식 단맛인 아카후쿠(붉은 행복)라던가? 여하튼 붉은 팥이 먹고 싶었다. 창문으로는 내궁을 흘러 내려오는 이스즈강을 내다보면서 빙수를 먹었다. 팥빙수에 아이스크림이 한 수굽 담겨있었다. 620엔이다.

인터넷과 휴대전화 사용

크루즈 예약할 때 반드시 인터넷과 휴대전화 사용에 관해서 확인하고 넘어가야 한다. 마침 2023년은 코로나 팬데믹이 끝나면서 크루즈 여행이 재개된 시점이어서 승객들에게 많은 혜택을 주었다.

그중의 하나가 인터넷과 와이파이를 무료로 사용하는 혜택을 누렸다. 무료로 사용하라고 해도 집에서처럼 활용은 되지 않았다. 그 이유로는 인터넷 사용할 시간이 없었고, 한편 배가 육지에서 멀어지면 인터넷 접속이 원활하지 못했고, 인터넷이 된다 해도 한국에서처럼 접속이 빠른 것도 아니어서 답답하게 기다리고 있을 수만은 없었기 때문이다. 급히 아니면 꼭 연락을 취해야 할 일이 아니라면 미뤄두는 것도 휴가를 즐기는 방법이다.

꼭 인터넷을 사용해야 할 경우 크루즈 예약 시에 함께 패키지를 구입하는 게 그나마 저렴한 방법이다. 크루즈에서 인터넷 사용은 매우 비싼 가격을 요구한다. 크루즈 내에는 컴퓨터방이 따로 있고, 그 안에는 여러 대의 컴퓨터가 있다. 사용료는 세 등급으로 나뉘는데 다음과 같다.

첫 번째, 프리미엄(Premium)은 일일 패키지로 비용은 29.99달러이며, 동영상 등 인터넷을 온전히 즐기고 이용할 수 있다.
두 번째, 서프(Surf)는 대부분의 사람이 이용하는 방식이다. 일일 패키지로 비용은 24.99달러이며, 이메일, 뉴스, 스포츠 등 인터넷 이용이 제한적이다.
세 번째, 소셜(Social)은 일일 패키지 비용이 14.99달러로 이메일 또는 개인 SNS(Social Networking Service) 정도의 검색이 가능하다.

크루즈 예약과 동시에 인터넷 사용도 예약했을 경우, PC는 와이파이(WIFI)로 연결되어 객실에서 PC 사용이 가능하다. 플랜(Plan)에 따라 가격이 다르다. 120분 플랜은 69달러의 비용에 추가로 이용 시간에 20분의 서비스 시간을 주며, 240분 플랜은 159달러의 비용에 60분의 추가 시간, 680분 플랜은 199달러의 비용에 80분의 추가 시간을 제공해 준다(즉, 총 13시간 동안 사용이 가능하다).
인터넷 속도는 얼마나 많은 사람이 인터넷을 사용하느냐에 따라 다를 수 있다. 최고 속도를 제공하지만, 새틀라이트(Satellite) 접속은 케이블에 비해 느리다.

크루즈 여행 시에 휴대전화에 관련된 사항은 조금 복잡하다. 크루즈가 연안과 12마일 정도 떨어져 있으면 휴대전화 연결이 가능하다. 그러나 망망대해로 나가면 연결이 안 된다. 휴대전화 이용 요금은 각 전화 회사의 규정에 따른다. 플랜에 들었어도 항해 중에 통화를 하면 추가 요금이 발생한다.

㉚ 장애인 시설과 서비스 동물

대부분의 크루즈는 장애인이나 소수의 입장을 배려하는 모습을 보인다. 장애가 있는 승객은 휠체어 접근 레스토랑, 스파, 극장, 라운지, 바 및 오픈 데크 공간과 같은 특별한 시설을 이용할 수 있다. 심지어 기내 엘리베이터도 휠체어가 빠르게 들어갈 수 있을 정도로 크다.

많은 크루즈 라인이 서비스 동물을 환영한다. 시력 보조견이나 청각 보조견을 포함한 다양한 특별 도우미를 허용한다. 하지만 크루즈에 장애인을 위한 특화 구명조끼가 한정되어 있어서 프린세스 크루즈의 경우 25마리의 개로 제한되어 있다. 서비스 동물로는 심지어 '돕는 손' 원숭이도 있다.

휠체어 및 전동 스쿠터의 제한 구역
휠체어 및 전동 스쿠터에 의지한 승객은 안전상의 이유로 해상 셔틀 서비스를 이용할 수 없다. 휠체어에서 일어나 독립적으로 움직일 수 있는 승객은 선박 직원의 도움을 받아 수상 셔틀 서비스를 이용할 수 있다. 자세한 내용은 승무원 호출 채팅을 통해 서비스에 문의하시기 바란다.

그 외의 특별식이 요구되는 사람을 위한 서비스도 제공한다. 대부분의 크루즈 라인은 저나트륨 식이요법, 저지방 식단 및 채식 식단과 같은 특별식을 요구에 따라 제공한다. 그러나 이유식과 코셔 식사(baby food and kosher meals)는 예약 시 서류상으로 미리 제출되어야 한다. 다른 다이어트 요구사항의 경우, 손님은 예약 시 여행사에 부탁할 수 있다.

여행을 가기 전에 기본적으로 건강 상태를 점검해 볼 필요가 있다. 자신의 체력에 무리가 없는지, 외딴 지역으로 여행하는 경우 의료 서비스에 대한 접근이 없는 것에 대한 대처 방법은 무엇인지 고려해야 한다.

심장질환이 있는 환자의 경우 크루즈에서 건강검증 확인서를 요구할 수도 있다. 몸속에 이식된 의료기기를 지닌 사람, 맥박 조정기 또는 이식 제세동기를 지닌 사람은 미리 직원에게 알려 금속 탐지기를 통과하도록 해야 한다.

크루즈 선박에는 적어도 한 명의 의사와 두 명의 간호사가 탑승하는 의무실이 있다. 이러한 시설은 일반적으로 사소한 비긴급조건만 처리할 수 있다. 만약 병이 심각하거나 응급 처치가 필요하다고 생각되면, 육지에 있는 시설로 옮겨야 한다.

크루즈 여행 중에 구토 또는 설사와 같은 증세가 나타나면 즉시 의료진에게 알려야 한다. 크루즈에서는 특히 인플루엔자 또는 노로바이러스가 의심되면 즉시 다른 승객과 격리하기 위한 조치에 들어간다. 일반적으로 72시간 동안 증상이 사라질 때까지 방에서 모든 식사를 해야 한다. 승무원은 식사, 음료, 그리고 항암제를 가져다 줄 것이다.

> **꿀팁**
>
> 머리가 아프거나, 멀미약을 원해서 의료 센터에 가면, 특히 약에 대한 요금이 어떻게 될지 반드시 물어봐야 한다. 하나의 예로 항생제 안약을 받아왔는데 하선할 때 청구서를 받아보았더니 725달러를 부과했다. (월그린스 가격은 79달러였다) 이 터무니없는 가격에 호소할 길이 없다.

㉛ 크루즈 여행 9박 10일 일본 열도 한 바퀴 총경비

⟨크루즈 여행 예약(미국 달러 단위)⟩

종류	경비
2인 1실(인사이드 룸) 크루즈 승선료	1,332.00
여행보험	106.32
세금과 항구 입항료	297.32
총합계	1,735.88

그 외의 기항지 옵션 투어는 별도로 내야 한다. 기항지마다 두세 곳 관광지가 있는데 가격이 모두 다르다. 쉽게 예를 들면 부산에서 여행지 선택은 경주 당일 $144.95, 영주사 당일 $89.95, 한국 사우나 + 자갈치 시장 $99.95. 3가지 관광 상품에서 하나를 고르는 것이다.

대부분 기항지 여행에는 점심이 포함되어 있다.

우리가 선택한 관광은 다음과 같다.

종류	경비
아키타 각관 역사박물관 관광(입장료, 점심 포함)	159.95
사카이미나토 마쓰시 성 관광	189.95
한국 부산	개별 관광
오사카 금각사	159.95
토바 이세사와 주변 마을	109.95

〈이번 크루즈 여행의 총지출 명세서〉

종류	경비
총 크루즈 승선료	1,735.88
총 기항지 관광료	619.80
일본 하네다 공항에서 크루즈 터미널 버스 요금 2인	90.00
크루즈 터미널에서 하네다 공항까지 택시 요금	98.00
김포에서 하네다 공항 2인 왕복	1,000.00
총합계	3,543.68

프린세스 대리인에게서 덤으로 받은 서비스는 다음과 같다.

여행하는 9일 동안 무제한 청량음료나 쥬스($661.41), WiFi ($134.91), 피트니스 클래스($70.83), 프리미움 디저트($94.14), DND(사진) 무료 배달($9.00), 선원에게 주는 팁 ($144.00)을 거저 서비스로 받았다.